遊楽としての近世天皇即位式

庶民が見物した皇室儀式の世界

森田登代子［著］

ミネルヴァ書房

『寛永御即位記略』（蓬左文庫蔵）

明正天皇「御即位行幸図屏風」右隻部分（宮内庁蔵）

明正天皇「御即位行幸図屛風」左隻部分（宮内庁蔵）

授乳中の女性（「御即位行幸図屏風」右隻，中央承明門の上）

裹頭姿の僧（「御即位行幸図屏風」右隻，紫宸殿中央階の下）

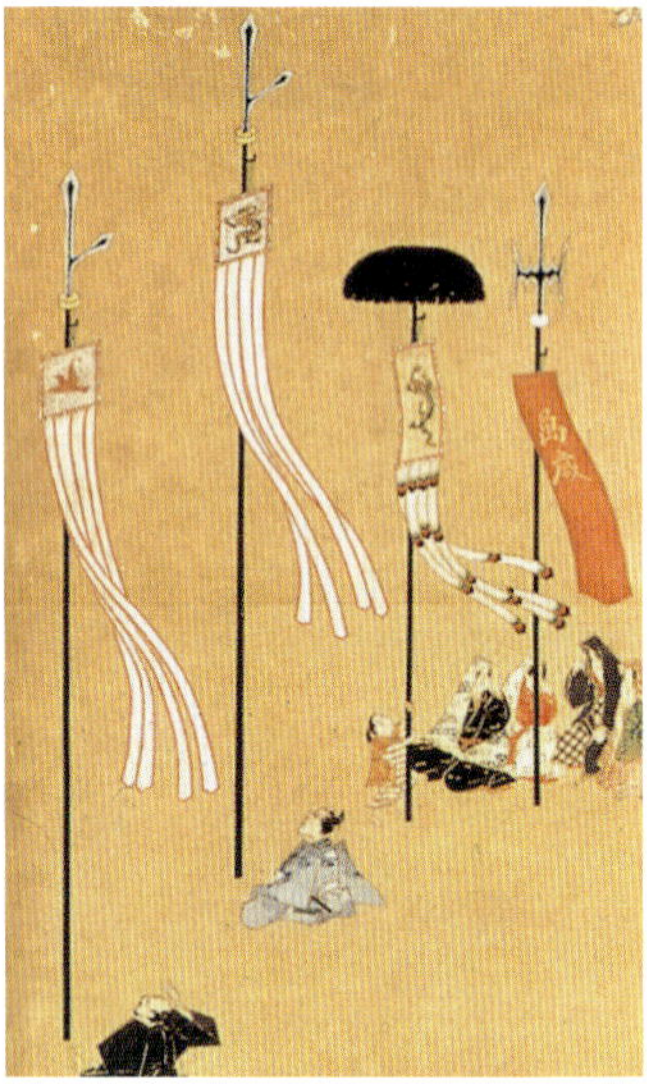

幢を握る子ども（「御即位行幸図屏風」右隻，南庭中央部分）

大袖前身頃（『冕服図帖』より）

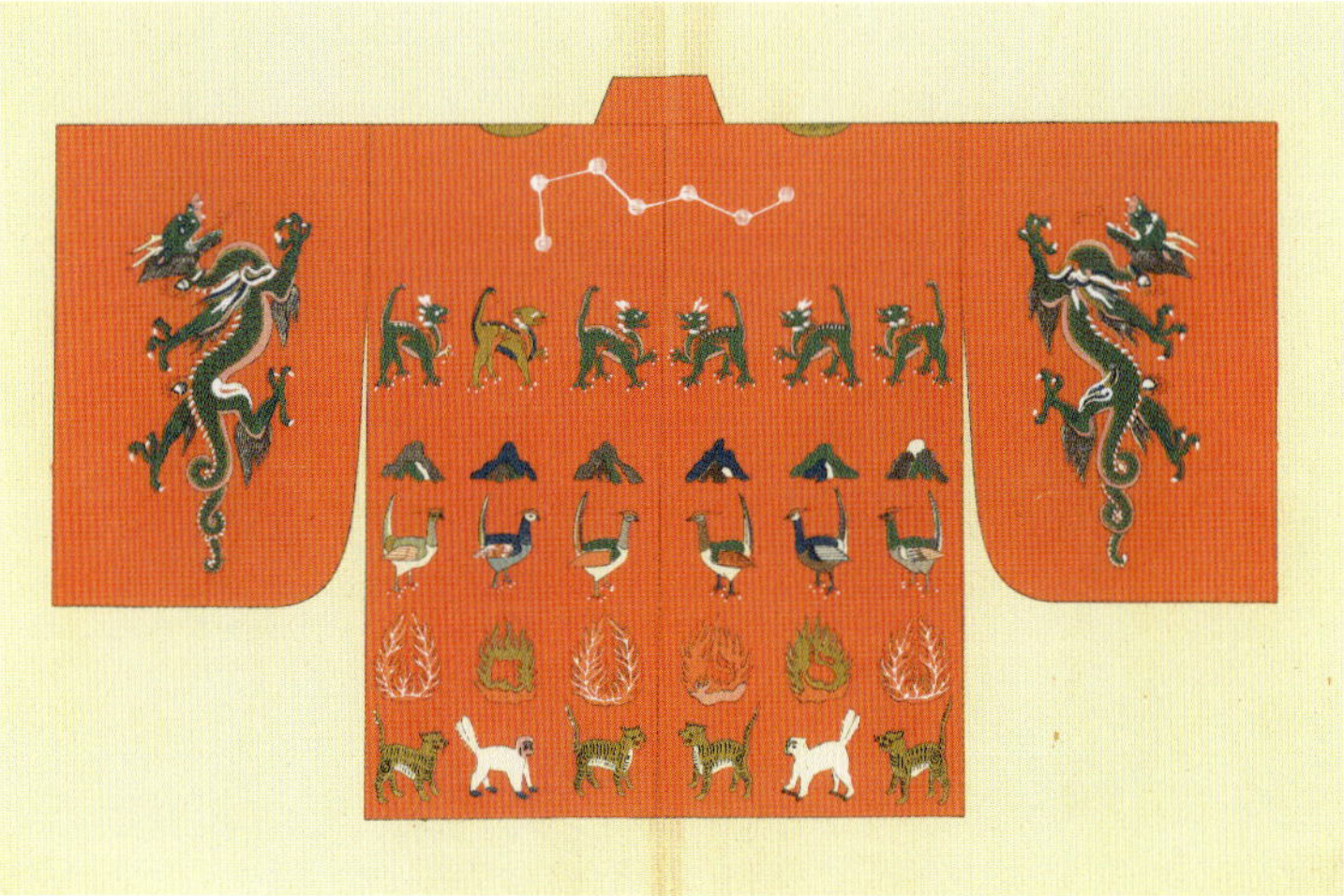

大袖後ろ身頃（『冕服図帖』より）

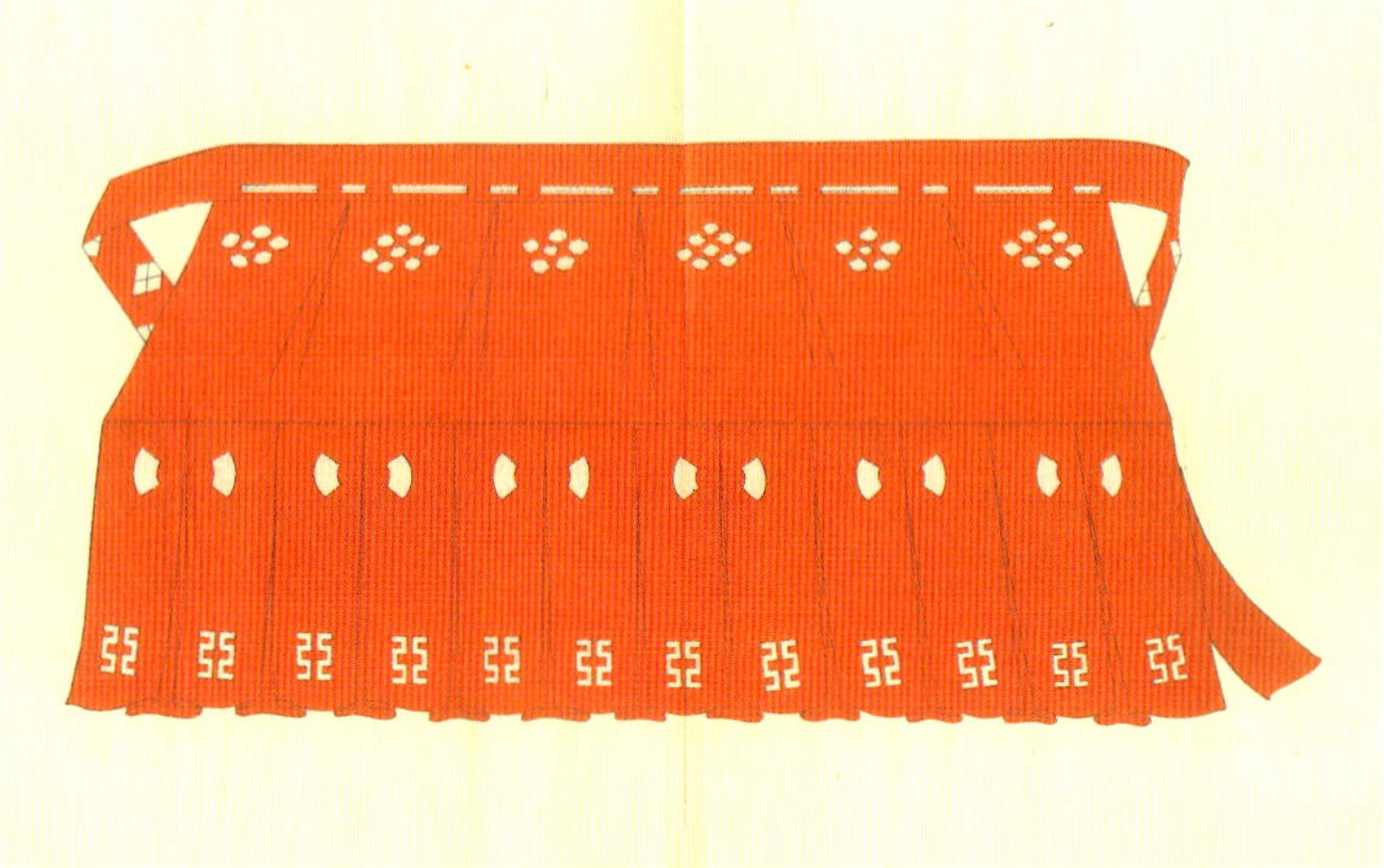

裳（『冕服図帖』より）

玉冠（『冕服図帖』より）

日形冠（『冕服図帖』より）

遊楽としての近世天皇即位式——庶民が見物した皇室儀式の世界　目次

序章　天皇即位式の世界へ

「即位式図」の天皇

京都御所（禁裏）の南庭に大勢の庶民が集い天皇即位式を見物している。庶民の表情からは緊張の様子はうかがえない。授乳中の女性もおり、寛いで見物しているように見える。天皇即位式の真っ最中とは信じがたい。

これは、寛永七（一六三〇）年に即位した一〇九代明正天皇の「御即位行幸図屛風」（宮内庁蔵）の場面である。同じように天皇即位式を見物する庶民を描いたものに「御譲位図式」がある。これは、畳紙《たとうし》（着物などを包む紙）に「御譲位図式」の表題を記し、右下には洞口虎頭館蔵《とうぐちこずかんぞう》の文字を記す。包みを開けると「御即位式」（図序－1）、「御譲位（剣璽渡御《けんじとぎょ》）」（図序－2）、「文政丙戌暮春《ぶんせいへいじゅつぼしゅん》　新嘗祭之図《にいなめさいのず》」（以下「新嘗祭之図」と略記。図序－3）の三組の図絵が入っている。これらの語彙についてはあとで詳しく述べるが、即位式とは天皇が即位する式のこと、剣璽渡御は、先帝のもとから新帝へ宝剣と神璽を受け継ぐ儀式のことである。また新嘗祭は天皇が毎秋、収穫を祝う祭儀である。文字

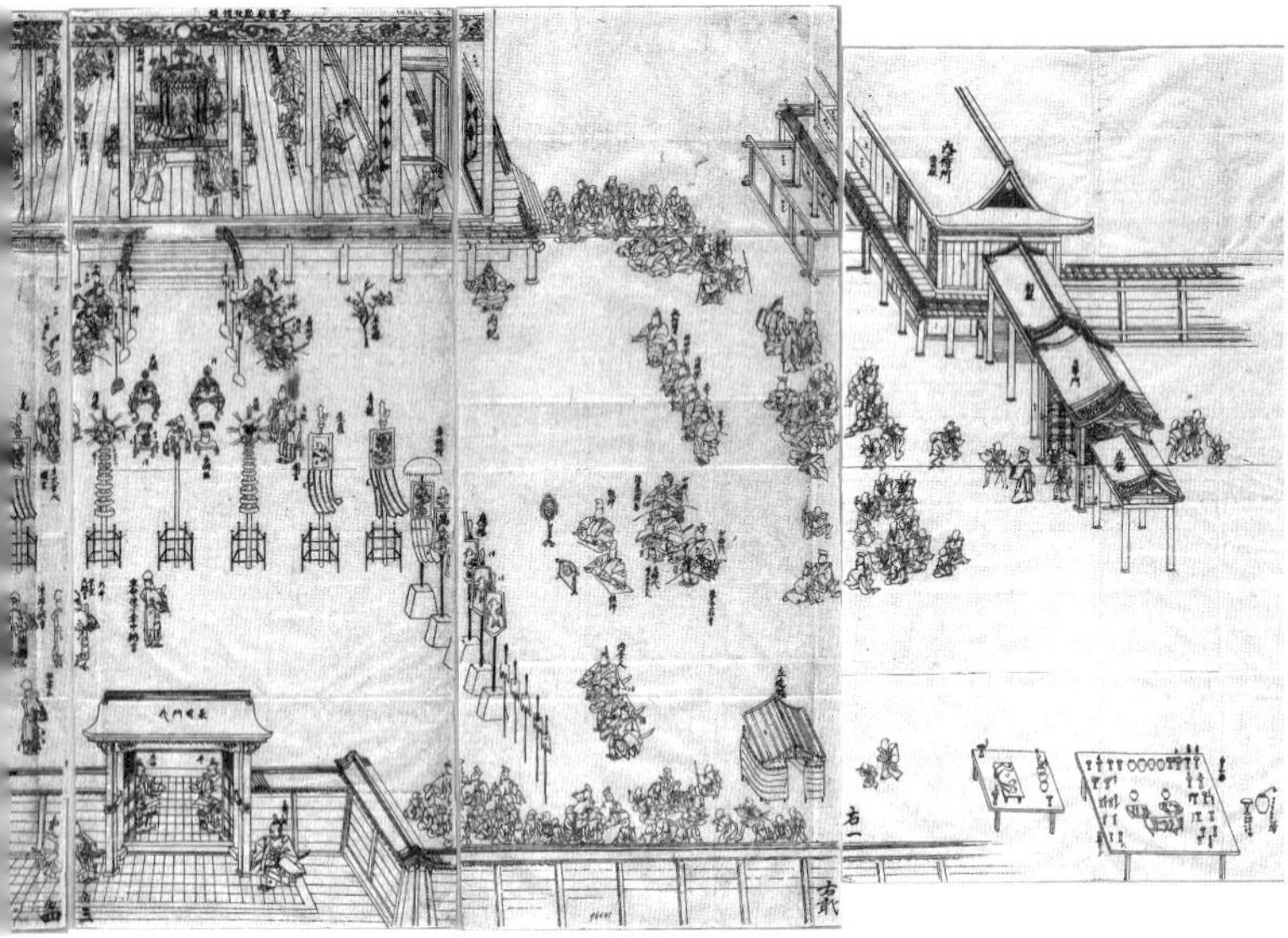

通り、天皇即位式の様子を描いた「即位式」では、明正天皇の「御即位行幸図屛風」と同様、庶民も大勢見物している図であった。

「新嘗祭之図」（図序-3）は半紙を横に五枚貼り、縦三九センチ、横一三八センチの大きさである。「御即位式」（図序-1）は半紙を屛風一曲分の大きさに貼り合わせ、それを六組、右一から右六まで記した付箋がつく。一方、「御譲位」（図序-2）では左一から左六までの付箋が貼ってある。「御即位式」（図序-1）と同じ図柄は東京大学史料編纂所で見たことがある。東京大学史料編纂所の方は彩色が施されているのに対し、こちらは毛筆による墨の線だけで描かれる。いわ

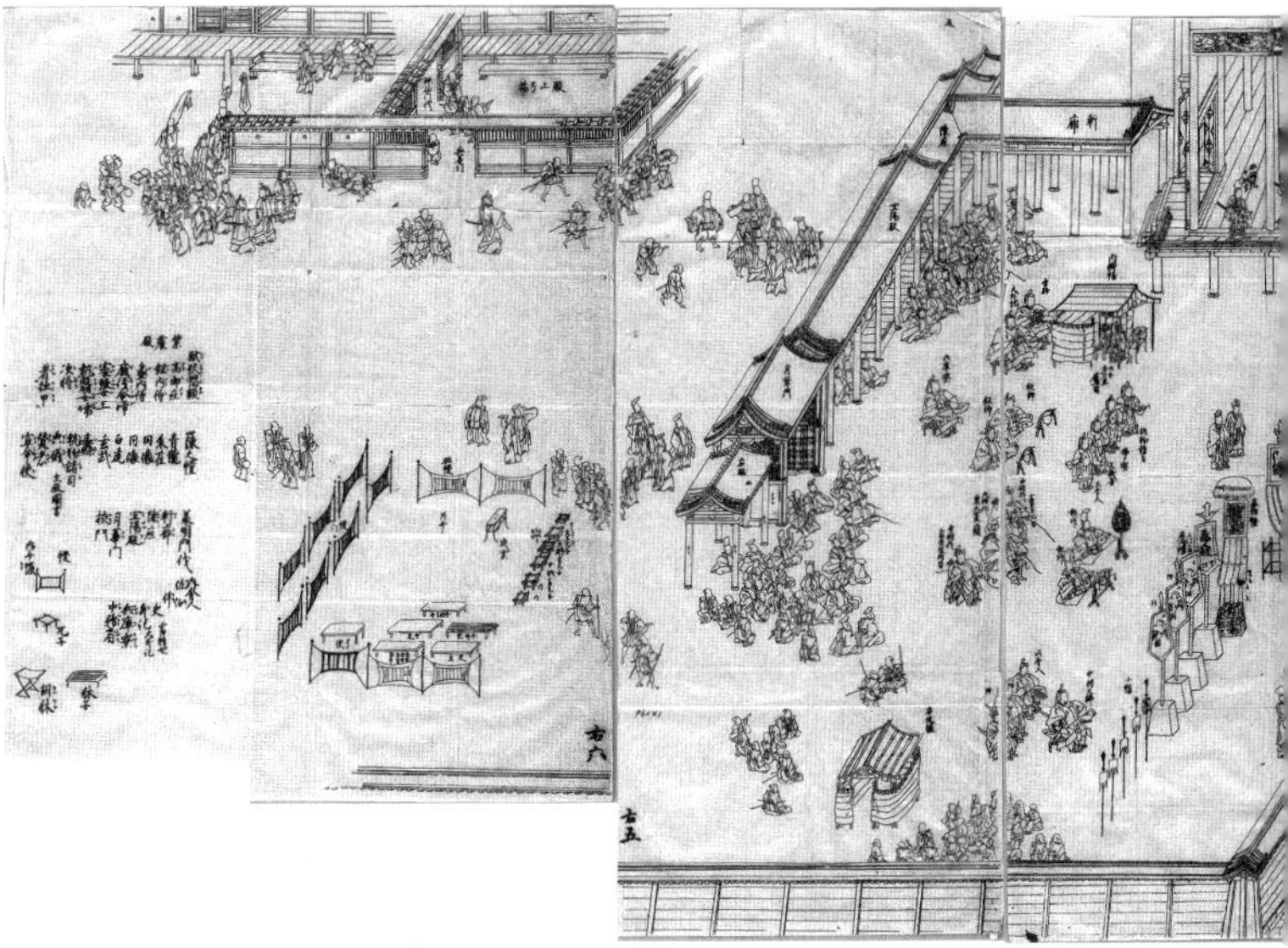

図序－1　「御即位式」（「御譲位図式」より）

ゆる白描画《はくびょう》である。

「御即位式」（図序－1）と「御譲位」（図序－2）は対になった六曲一双の屏風図で、これは下絵らしい。下絵用でも上質の和紙が使われている。虫食いもなく、保存状態はすこぶる良い。「御譲位」「御即位式」を併せて三組すべてを拡げると軽く畳二枚分はある。

『平安人物誌』は、いわゆる近世京都の紳士録であるが、それと表題の「洞口虎頭館」を参考に絵師を探した。東洞院（現在の京都市中京区烏丸通の一本東側の通り）に住まいする絵師に佐伯岸駒《がんく》・国章父子がいた。岸駒の諱《いみな》は虎頭《こず》、息子国章は虎頭館や岸岱《がんたい》を名乗った。岸駒は宮中絵事に通じ、国章は有栖川宮の絵師とし

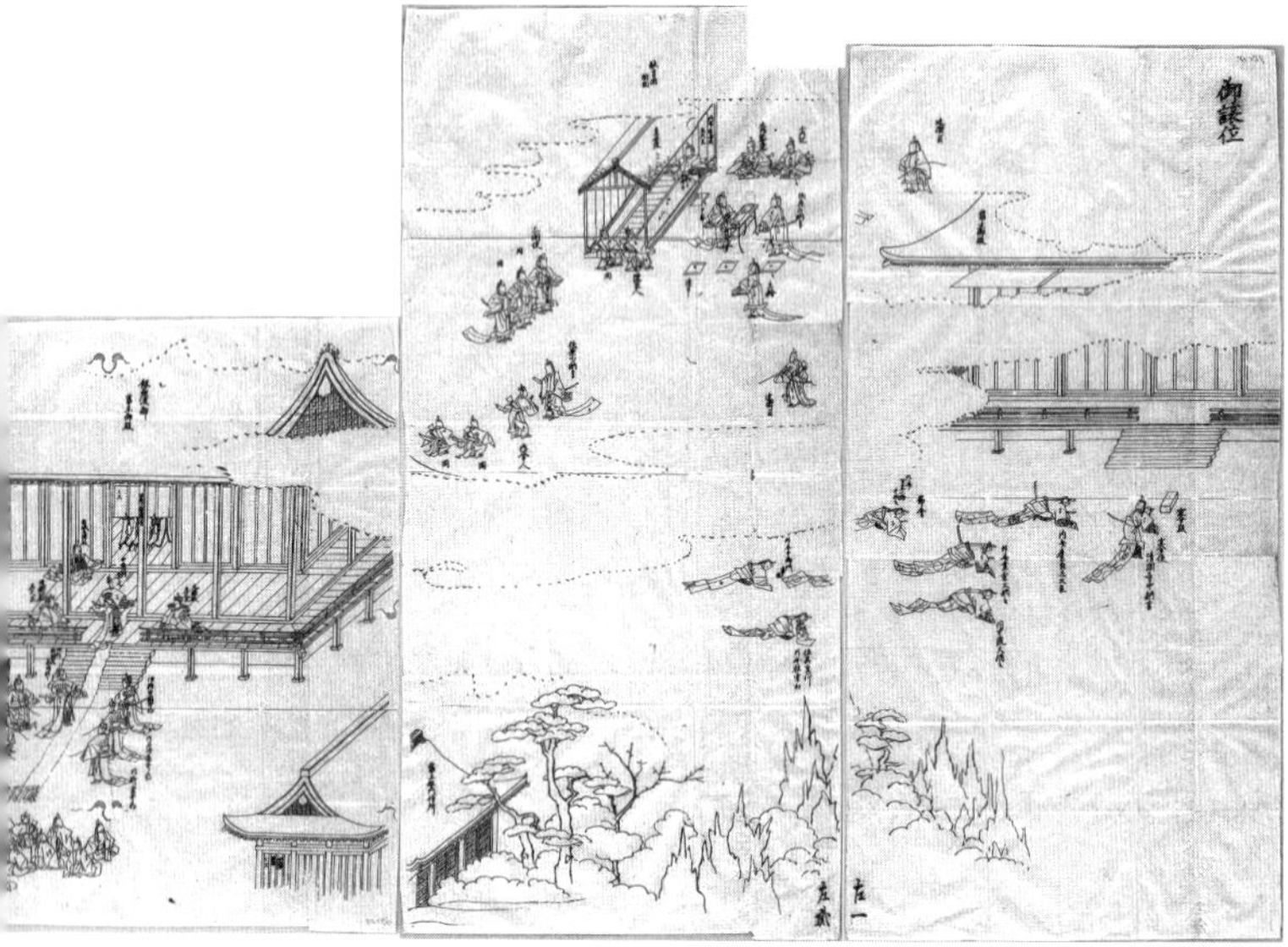

て仕えた。岸駒・国章父子の画業期間は江戸時代の中後期で、光格天皇、仁孝天皇の御代にあたる。「御譲位図式」はそのどちらかの天皇に関係するもので、岸駒・岸岱の習作だろう。いずれにしても当時の天皇即位にかんする貴重な絵画史料であることは間違いない。

「御譲位図式」三組のなかから、まず「新嘗祭之図」（図序－3）を見よう。

「新嘗祭之図」には、夜中、御所内紫宸殿の前庭に、新嘗祭用に臨時に設えられた主基殿《すきでん》・悠紀殿《ゆきでん》・廻立殿《かいりゅうでん》の手前で出番を待つ公家たちと女房たちが描かれる。女房たちは檜扇《ひおうぎ》で顔を隠す者もいる。まさに儀式開始というところであろうか。

大嘗会（大嘗祭）は天皇の在位に一回

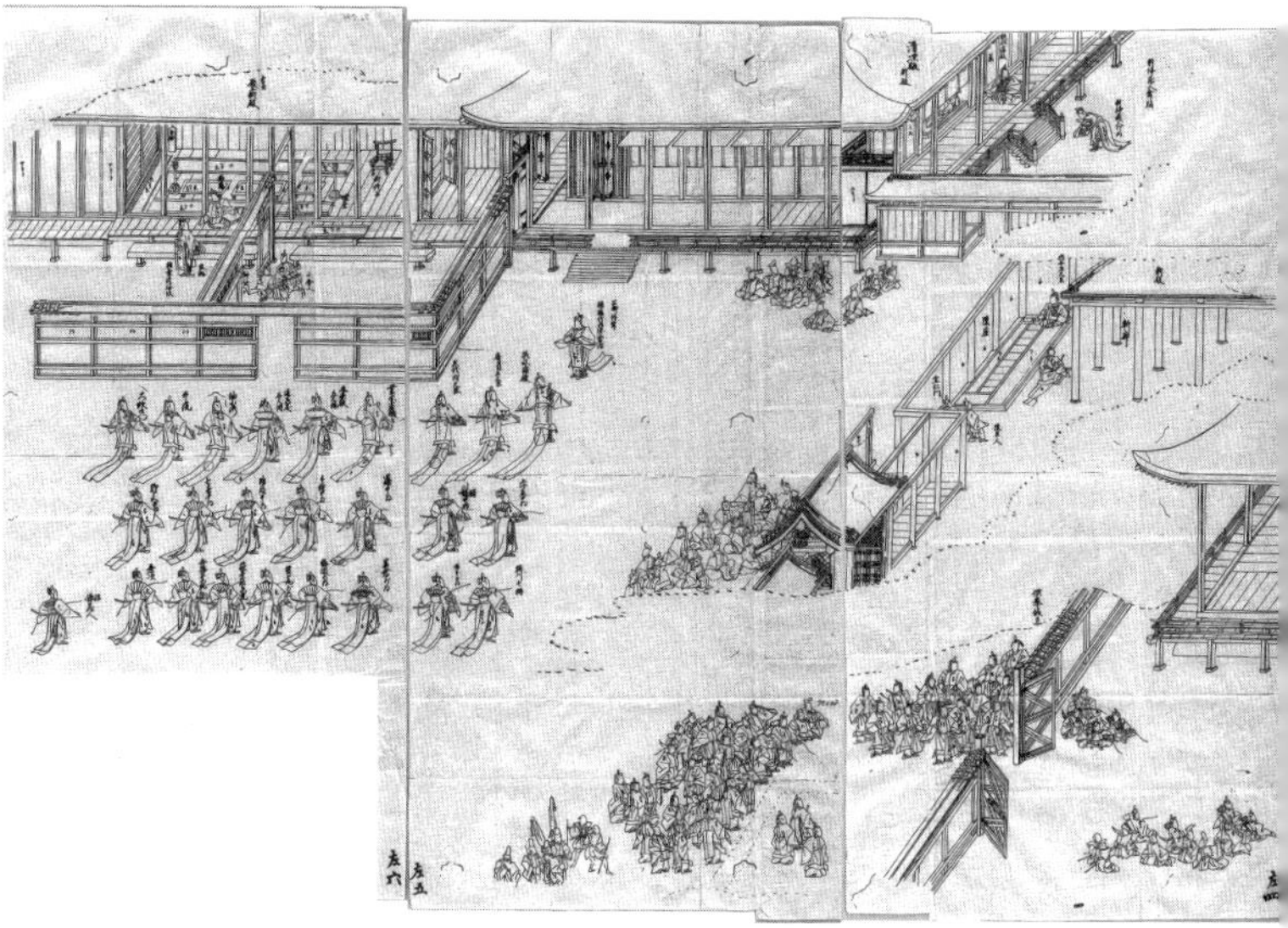

図序－2　「御譲位（剣璽渡御）」（「御譲位図式」より）

だけ執りおこなう大祭である。これに対し、新嘗祭は毎年秋一一月に執行される。新嘗祭は大嘗会や剣璽渡御と同様、庶民は見物を禁止されていた。図中には「文政丙戌」とある。文政九（一八二六）年がそれに該当する。江戸時代もかなり後期、おそらく仁孝天皇の御代《みよ》の新嘗祭の一コマではないか。

「御即位式」は天皇即位の大礼を描いた全体図である。この即位式の図像では、参列する公家たちは、和風の束帯《そくたい》姿ばかりでなく唐風装束の礼服《らいふく》も着る（即位式の装束は第四章2節と3節で述べる）。描かれている束帯姿や礼服姿の横に公家の名前と職掌《しょくしょう》（仕事の内容）が記される。画面中央上部は宸儀《しんぎ》（宸顔《しんがん》）、つまり、天

皇である。宸顔が描かれる即位式図はとても珍しい。その容姿は子どものようでもある。かぞえ一八歳で天皇になった仁孝天皇ではなく、安永九（一七八〇）年に、前帝・後桃園天皇崩御により元服前のかぞえ九歳で即位した光格天皇である公算が高い。とすると、絵師は岸駒であろうか。

　奈良時代中期の宇多天皇から仁孝天皇までの、即位式に勤仕した公家たちの名と職掌を記した『天祚禮祀職掌録《てんそれいししょくしょうろく》』[1]や光格天皇即位式を記した公家たちの日記と、この「即位式」図に記された公卿名とを照合したところ、内弁役《ないべんやく》（承明門《じょうめいもん》内で、節会などの諸事を司る役）の鷹司左大臣《たかつかささだいじん》や擬《ぎ》侍従役《じじゅうやく》（内弁役と同じく即位や節会の際臨時に侍従役を任じる）の西洞院少納言《にしのとういんしょうなごん》などの名が一致した。また天皇の隣の東帯姿の人物に、元服前

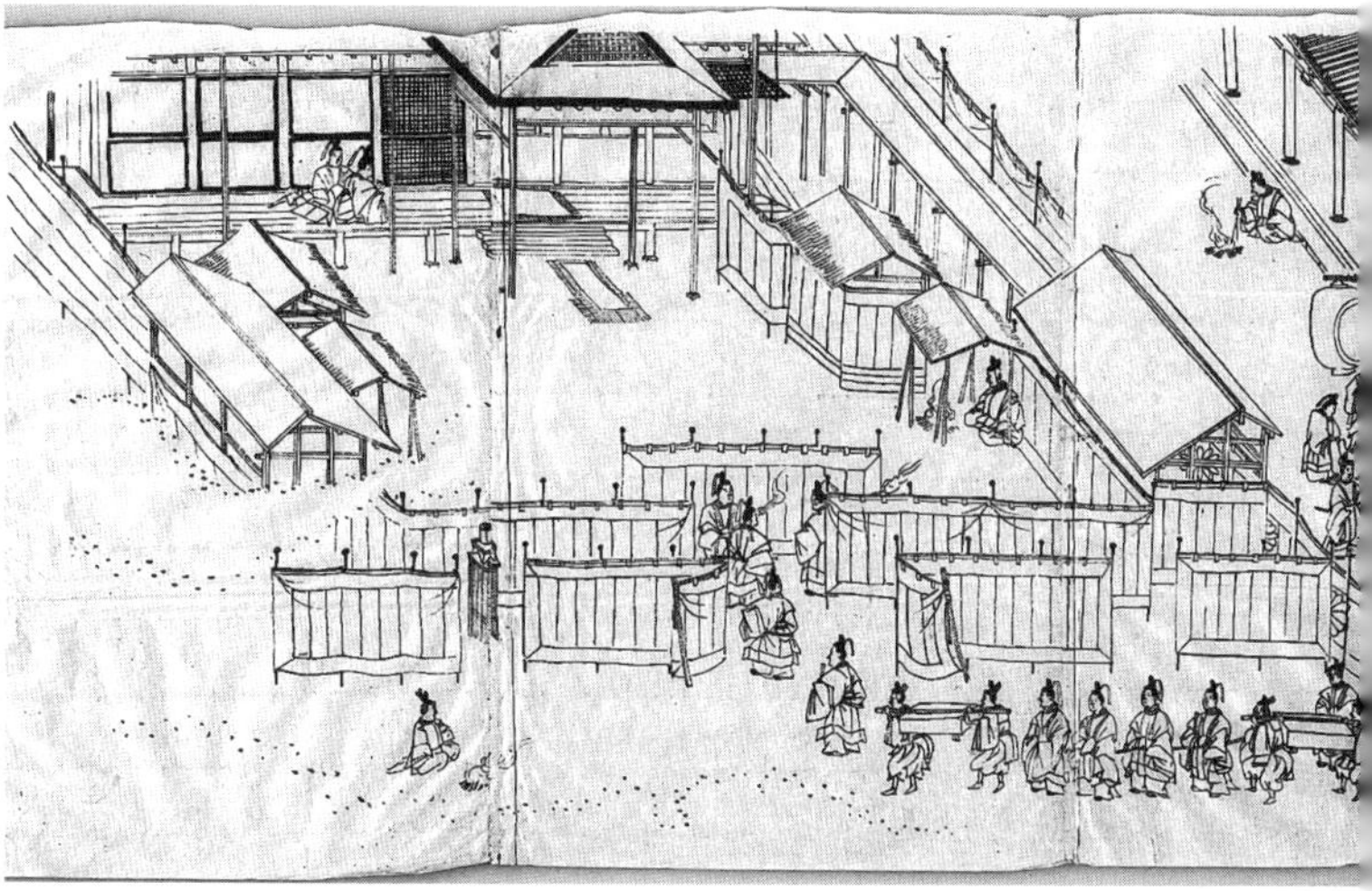

図序－3　「文政丙戌暮春 新嘗祭之図」（「御譲位図式」より）

の新帝を補佐する役である「摂政」の文字が記されていることから、この「即位式」図の天皇は光格天皇で、その即位式の様子を描いた下絵ではないかと見当をつけた。「御譲位図式」の三組はいずれも江戸時代後期の天皇の即位儀礼を描いた図像であろう。

「御即位式」（図序－1）の図絵で特に注目したい点は、先に述べたように、参仕する公家や見物する公家衆に混じって、即位式を見物する庶民が描かれていることである。男性は裃《かみしも》姿、女性は被衣《かずき》（かつぎとも。女性が外出時、頭から被った衣服）などで正装した老若男女が禁裏内の南門（承明門、画面手前中央）と築地塀《ついじ》付近などに座って即位式を見物している。見物人には子どもたちや僧侶まで混じっている。江戸時代（徳川時代）、庶民階層が御所内に入場し、御即位の大礼を見物することはやぶさかではなかったことが確認できる。

近世以前の式見物

この絵図のように、庶民が天皇即位式を見物するようになったのは、あるいは見物できるようになったのはいつの頃からだろう。

有職故実《ゆうそくこじつ》とは、公家社会のなかの年中行事・儀式・法令・制度・官職・装束・風俗・習慣にかんする知識の総体のことをいう。公家にとっては、これらの知識を過去の先例に随って網羅し物事を決めることが必須で、天皇即位式も同様であった。

昭和初期の有職故実研究家・桜井秀《しげる》によれば、天皇即位式見物は奈良時代からあったという。「式場は必ず大極殿に於てし、皇族及朝廷の官人はいふまでもなく一般公衆もまた参列を許されぬ[2]」とある。一般公衆とは氏族の代表格にあたり、彼らが宣命の辞（天皇の命令を宣《の》べる）に召され参列した。当時の即位式は紫宸殿《ししんでん》（慣例では「ししいでん」とも）ではなく、大極殿《だいごくでん》（江戸時代には消失）でおこなわれた。ただ、「古制時代の如き大極殿時代の初期の如き庶民もこれに参会し得たる趣なれど確実に証明するは難し[3]」と記すように、正確な史実とは言いがたいようである。

即位式見物に関する明確な記録は、安徳天皇（在位一一八〇〜八五）からだろう。平清盛の外孫である安徳天皇は、治承四（一一八〇）年一月二〇日、着袴の儀（幼児に袴を着せる儀式）を、翌月二一月一一日には元服の儀を済ませた。そして、十日後の二一日、かぞえ三歳（満一歳三カ月）で即位した。二人の公卿がその即位式の様子を日記にしたためている。平安末期から鎌倉初期の公卿で、摂政関白も経験した九条兼実《かねざね》の日記『玉葉《ぎょくよう》』と、有職故実に明るかった中山忠親《ただちか》の『山槐記《さんかいき》』である。二人の日記には、即位式は僧・尼と服喪者が入場禁止とあり、そこから尼・服喪者以外の見物人の存在がうかがえる。

つづいて後鳥羽天皇の即位式では、女房車（女房が乗る牛車）六両が繰り出し即位式を見物した記録がある。(4) 元暦元（一一八三）年七月二八日のことである。鎌倉時代のはじめの仁治三（一二四二）年、後嵯峨天皇即位式では、「雑人充満如見通（遠くの方まで見物人でいっぱいだ）」と『民経記《みんけいき》』が書き留めている。(5) 一体どのぐらいの人が押しかけたかわからないが、多くの人々が見物したことは確かだ。

文保二（一三一八）年、後醍醐天皇の即位式も庶民が多く見物した。

二月二六日に花園天皇が退位し、後醍醐天皇が受禅《じゅぜん》（前帝が譲位し新天皇が即位すること）、二七日剣璽《けんじ》（三種の神器のうち、天皇の傍に常に置かれるべき宝剣と曲玉）ならびに内侍所渡御の儀があった。剣璽渡御《けんじとぎょ》は、上述したように先帝のもとから新帝へ宝剣と神璽を受け継ぐ儀式のことである。受禅とともに即位行事のひとつだった。図序-2が剣璽渡御の図である。剣璽渡御が終わってのち、雑人や群集が即位式を見物したようである。鎌倉後期の公卿で歌人の三条実任《さねとう》が『継塵記《けいじんき》』に「堂上堂下雑人群衆、人々又多参」と書き記した[6]。雑人とは従者のほかに、当時の庶民を含む。天皇即位式では、禁裏内で大勢の庶民が見物したことが公家の日記からも読みとれる。

そう多くの史料は見いだせないが、中世では即位式そのものが現代の我々が想像するほど謹厳な儀礼と解されていなかったことは確かである。というのも、後醍醐天皇即位式の当日、天皇が行幸する際に輿を担ぐ護衛の随身たちが行列の先頭争いの小競り合いをした記録が残っているからである。「左大将内経、花山院右大将家定、列を争ひて、随身どもわわしくののしれば、神輿をおさへて、職事くだしなどすめり[7]」とある。「わわしくののしる」とは穏やかではない。当時の天皇即位式が厳粛な儀式だったと、現代の私たちの感覚で憶測するのは、的外れかもしれない。

「登極令」発布以降の即位式

現代では、庶民が天皇即位式を直接見物（拝見）することは、まずあり得ない。実際のところ、平成の即位式でも、その様子を人々が知るのは、テレビ映像を通してだった。その理由は、明治二二（一八八九）年の旧皇室典範《こうしつてんぱん》と、とくに天皇の即位の礼に関する儀礼を取り決めた「登極令《とうきょくれい》」（戦後の「皇室典範」に対する「旧皇室典範」にあたる）が明治四二年に発布されたことにある。これは、当時の政府高級官僚や外国の高官といった拝見可能な人々を除いて、直に天皇即位式見物はできないことを定めたものだった。

加えて、戦後は戦前の皇国史観への反動からか、天皇に関する儀礼などをタブー視する風潮が大勢を占める。したがって、近世以前の天皇即位式も、近現代と同じような形式だったと思い込んでしまい、そのため庶民が天皇即位式の見物をしたという歴史的事実も等閑視されるようになってしまったのではないか。

それゆえ、これはひとつの事例だが、「近世を通して民衆による『奉祝』が体制化されることはなかった。即位については民衆の触知自体が無く、大嘗会については京の洛中洛外にのみ触知があったが、その趣旨は神事挙行上の必要から人々に静粛を強要するに過ぎなかった(8)」と、天皇制に関する啓蒙書にも書かれるし、同様な見方が研究者の間でも一般的になった。

文中の「触知」とは、触《ふれ》で知らせること、奉行所より伝えられる法令のことである。引用文のように、「江戸時代には、天皇即位式は庶民への告知はもちろん見物もできず、大嘗会の見物も禁止だったが、そのことが京都の地域だけには触で知らされた」というような言説が一般的となった。最近になってからは、天皇即位式を見物する庶民の紹介や、先行研究も目に触れるようになってきたが、それを裏付ける史料は少なかったことも災いしたようにおもう(9)。それでは大勢の庶民が即位式を見物したという事実はいつから、なぜ忘れ去られてしまったのだろうか。それを明らかにしたい。

天皇即位式を庶民が見物したことを最初に指摘したのは、前述の桜井秀である。さらに彼は、近世後期の公家日記を引用し、男百人女二百人が切手（入場券）を持参し即位式を見物したこと、翌日以降は即位式で使用した調度品の拝見ができたのであった。「そはいずれにしてもあれ、万人群参して親しく玉階桜橘の影を望む者多かりしは歴代の記事に見えたり」[10]。天皇即位式の翌日には即位式で使用した調度品の見物ができ、多くの人々がそれを楽しんだという。本当なのだろうか。

そこで本書の第一の目的は、江戸時代、庶民には天皇即位式見物が許されていたことを、図像資料や文献史料を網羅しながら検証することである。具体的には、一〇八代の後水尾天皇から一二一代の孝明天皇までの即位式を、庶民が見物していたことを実証する。従来の天皇にたいする固定的な視点を払拭し、規制はあるものの、庶民に対しても開かれていた天皇即位式の側面を明らかにしてみたい。

庶民側から眺めた天皇即位式とはどういったものであったのか、庶民はどのように天皇即位式を眺めたのか。こんな素朴な疑問に、例証をあげて肉薄していこう。そうすれば庶民がいだいていた天皇即位式に対する関心の程度もわかってくるであろう。またそれが庶民の楽しみのひとつでもあったことも理解されるのではないか。さらに、江戸時代半ば一一五代桜町天皇から再興された、即位のなかの重要な儀式である大嘗会についても、庶民側からの視点を付け加えたい。

天皇即位式をとりまく事柄はあまりにも多く複雑である。また近世と明治以降とでは制度や内容が大きく異なり、把握するのは容易ではない。本書は、まずは天皇即位の全体像をつかみ、つづいて江戸時代の天皇即位式の諸様相を見ていく構成になっている。ところで、天皇は幼少期から実に多くの通過儀礼を経験し、その儀礼の最高峰に天皇即位式があると考えられる。そこでは、公家社会の基盤であった有職故実が大きな力を発揮していた。儀式・風俗・装束を総括した有職故実は、現代の我々からみて身近な対象もあれば、語彙や意味のわからないもの、あるいは奇妙におもわれる事象もある。この点を留意しながらすすめたい。

天皇即位式を見物した庶民の諸行動に焦点をあてた第五章と第六章が筆者の最も述べたい箇所である。先にそこから読み進めていただく方が理解しやすいかもしれない。最後の章では天皇即位式で構築された宮廷文化のさまざまなシステム――有職故実であったり公家や女房たちのファッションだったりするのだが――の一端が庶民の関心を惹き、庶民の生活文化に反映されていったことにもふれておこうとおもう。

それでは、天皇即位式の世界をご覧あれ。

第一章　「見せつける」儀式と「見てはならぬ」儀式
――即位式と大嘗会――

1　天皇即位式のあらまし

受禅と践祚、その違いとは

明治以前の皇位継承には、〈受禅《じゅぜん》〉と〈践祚《せんそ》〉の二形式があった。前天皇が帝位を譲り、新天皇が即位することを受禅といい、この場合、前天皇は上皇となって新天皇を補佐するということになっている。これに対し、前天皇が崩御し、その結果、新天皇が皇位を継承するのは践祚といった。明確に区別しないで、譲位すること自体を践祚と見なす例もなくはないのだが、紛らわしい。生前譲位＝受禅、崩御後の継承＝践祚と明確に分類するほうがわかりやすいだろう。

序章でふれたように、明治時代、「登極令」によって生前譲位がなくなり必然的に受禅も存在しなくなったが、江戸時代以前では天皇は生前に譲位し、上皇や法皇となって院政を敷くのが慣例であった。どちらかといえば、生前譲位である受禅が正常な皇位継承のかたちで、前帝崩御である践祚というのはやむをえない事態の対処法であったと考えられる。

　江戸時代、武家伝奏使といって、天皇の意思である勅旨を幕府に伝え朝廷と幕府の間を取り次ぐ役があった。八代将軍吉宗治下の享保二〇（一七三五）年、一一五代桜町天皇のときの武家伝奏役は廣橋兼胤《ひろはしかねたね》だった。彼の日次記《ひなみ》『八槐記《はちかいき》』は、桜町天皇の皇位継承を「譲国禅位之儀」と記し、天子が皇位（禅）を譲ることを禅譲といい、それを受けることを受禅と説明した[1]。

　受禅には、皇位の象徴である神器《じんぎ》（神璽《しんじ》と宝剣）が前天皇から次天皇へと委譲される。その儀式が剣璽渡御である。内侍《ないし》（女官）二人がこの神璽と宝剣を捧持して新帝に祗候《しこう》（そばに侍って奉仕）する。実質的な皇位継承の儀式は、この剣璽渡御である。

　神器委譲の手続きである剣璽渡御が済むと、次に先帝が御所を出て仙洞御所《せんとうごしょ》（退位した天皇＝上皇の御所）に移る。代わりに新天皇が御所へ入る。移徙《わたまし》である。現代の引っ越しや転居にあたる。

　さらにそののち、新天皇が皇位に即いてから若干の日時をおいて、皇位継承が天下に知らされ、天皇即位の大礼＝即位式が執りおこなわれる。皇位継承という意味では、受禅や践祚の受諾日が実質的な即位の日なのだが、より公的で世俗的な天皇即位式は後日実施される。

　前天皇が崩御して践祚となった場合には、天皇の地位が空白となることを避けるため、直ちに剣璽渡御だけを済ませる。ついで今上天皇（新天皇）が亡き先帝の喪に服する。この服喪期間のことを諒闇《りょうあん》という。諒闇が明けてからでないと、世俗的な天皇即位式はおこなわれない。皇位継承の手順は、譲位→剣璽渡御・移徙→（践祚の場合、諒闇）→天皇即位式である。

即位式が実施された年の秋の収穫期に、新天皇の最初の御世の新穀を贄《にえ》として天神地祇《てんじんちぎ》（天つ神と国つ神）に奉る大嘗会が執りおこなわれる。大嘗会は天皇の在位中一回だけ実施されるもので、奈良時代末期の貞観《じょうかん》延喜式で定められた。要は毎年の新穀を奉る新嘗祭を大がかりにした朝廷行事なのだが、本来であれば、この大嘗会が終了してはじめて天皇即位式行事がすべて完遂すると考えられた。

古代から継承され、皇室の最重要式典である天皇即位式の一連の儀礼は、天皇即位の礼、天皇即位の儀、天皇即位の大礼、即位儀礼などといろいろな言い方をされてきた。統一した名称がないようである。本書では最初に紹介した「御譲位図式」が「即位式」という名称を用いているのにならい、これ以降、天皇即位式、あるいは即位式と簡略化して表記することにする。

「秘儀」と「祝祭」、二つの異なる儀式

天皇の即位にかんする行事のなかでも、受禅、践祚、剣璽渡御とつづく儀式に参加するのは公卿などの宮廷関係者に限られ、これらは一般の人々には見せない秘儀とされていた。これに対して「律令法律上の元首である皇帝になられるための儀式」[2]であり、その天皇の世代交代を公表する儀式である天皇即位式の方は庶民が見物できる儀式だった。

世代交代の儀式である天皇即位式が多くの人の前で公開されるということを明記したのは、『明《めい》正《しょう》院《いん》寛永《かんえい》御即位記《ごそくいき》』である。この書は三代将軍家光の時代におこなわれた一〇九代明正天皇即位式（一六三〇年）の一部始終を書き記したもので、そのなかに「天子南面ノ位ヲ受サセ給ヒテ、百官万民ニ始テ龍顔ヲ見ヘサセ給フ御事ナリ(3)」の記述がある。即位式拝見は奈良時代からその兆候が見られたことはすでに指摘したが、竜顔である天皇の姿を百官万民に初お目見えさせること、つまり「見ヘサセ給フ御事」が、天皇即位式だったということになろう。

天皇即位式は公開することが基本中の基本だった。即位式は、いままさに即位せんとする天皇の権威を「見てもらう」、「見せる」、しつこく言えば「見せつける」行事だったのである。「見せつける」のだから、即位式実施場所の御所内の南庭を見物衆の目を釘付けにする祝祭空間へと変える演出が欠かせなかった。

南庭で公開される天皇即位式には、勤仕する公家たちの特異なしぐさ、一風変わった焼香などの仏教行事を垣間見ることができる。それだけでも十分非日常の空間だろう。とりわけ唐風装束の礼服は見慣れない服装で、これだけでも見物人の興味を引いた。唐風装束は、元々は唐の時代に伝来した服装でそれが即位式に使用されたのである。これについては岡國雄が、宝暦一三（一七六三）年、一〇代将軍家治治下の一一七代後桜町天皇即位式を見物し、『御即位《ごそくい》庭上《ていじょう》幢鉾《はたほこ》調度図《ちょうどず》』を著し、そのなかで即位式の衣装は唐の服装を真似たもので、目が慣れていないし常ならないという感想を述べている。(4)異形の服装が庶民の興味をおおいに引いたものとみえる。

一方、大嘗会、新嘗祭、剣璽渡御や譲位節会《せちえ》は日中ではなく夜中の行事だった。節会とは、朝廷において、節目や公の行事の日に天皇が出御《しゅつぎょ》(お出ましになること)し、群臣に酒食を振る舞う宴会のことである。夜半の剣璽渡御式が終わると、譲位節会となって酒宴が催された。

新嘗祭、とりわけ大嘗会は秘儀であり見ることが禁止された。大嘗会も新嘗祭も神に新穀を供え、天皇自らもこれを食するという、新天皇と天皇家の祖先との霊的交感の側面が強調された祭祀である。穢れを避ける神事や神祭りの要素が色濃い。斎火《いむび》(神事に必要な物を煮炊きするための、斎《い》み清めた火)をはじめ神道的要素が取り入れられ、深夜におこなわれた。一般庶民は見物できない。(5)これらは「見てはならぬ」儀式だったからである。天皇即位のなかでも、実施の時間帯が日中か深夜かの違い、あるいは宗教行事の形式の違いが「見せつける」か、それとも「見てはならぬ」儀式かを左右したのである。

それでも不思議におもう。どうして天皇即位の一連の儀式を、公開する天皇即位式と秘儀の大嘗会というように、機能を二つに分けたのだろうか。

昭和初期の法制史学者だった三浦周行《ひろゆき》は、天皇即位式は古くからあったが、これに対し大嘗会が史料に現れるのは九世紀半ば以降の延喜式からであると述べた。つまり両者は同時に発生した儀式ではないのである。だが中世以降には天皇即位式と大嘗会が車の両輪の如く機能するようになった

と述べている。(6)

天皇即位式と大嘗会は、もとから別個の儀式だったと主張するのが前述の桜井秀である。著書『即位大嘗典礼史要』のなかで、水戸光圀が霊元天皇の勅命により朝家儀式の沿革史料を編集した『礼儀《れいぎ》類典《るいでん》』をあげ、即位式を本編に入れながら、大嘗会を別の方にいれて編纂したのは、この二つが異なる儀式だとわかっていたからだという。さらに両方の儀式が混用されるようになったのは、登極令発布以降からだと指摘する。このような見解の相違は、法制史からの分析と有職故実からの理解の相違からかもしれない。いずれにしても近世では、天皇即位式が「見せる」儀式、大嘗会が「見てはいけない」「見せない」儀式と分かれても、両者は皇位継承儀式の二本柱であり、相互に影響しあうことで存続してきた儀式であったことは間違いないだろう。

2　大嘗会の再興

再興への経緯

なぜ天皇即位は、「見せる」天皇即位式と「見てはいけない」大嘗会の大きく二つの型に分けて運営されるようになったのだろうか。時代を追いながら歴史文化的な視点からもう少し考えてみたい。

大嘗会は、天皇即位式の終了後の秋か、次年度の秋におこなわれるのがふつうだったが、一一八代光格天皇（在位一七八〇～一八一七）のように、即位式後の七年目に大嘗会が挙行されたこともあった。

即位式と大嘗会がともに実施されなかった時期がある。承久三（一二二一）年、仲恭天皇の践祚後に承久の乱が勃発したときである。室町時代にも、文正元（一四六六）年、後土御門天皇の大嘗会はあったが翌年応仁の乱が勃発、それ以降、大嘗会は実施されなくなった。明応九（一五〇〇）年、後土御門天皇崩御後、柏原天皇へは践祚のみだった。即位式はそれから二一年後だった。受禅・践祚・即位はおこなわれても、大嘗会まで手が回らなくなってきた。その状態が二二〇年つづく。江戸時代になって、歴代の天皇は徳川幕府に大嘗会再興を嘆願するが、受諾されなかった。貞享四（一六八七）年、一一三代東山天皇即位時に、大嘗会がようやく復活となった。一一四代中御門天皇の代はおこなわれず、正式な再興は享保二〇（一七三五）年、一一五代桜町天皇即位からである。

歴代の天皇が嘆願した大嘗会復興を推進したのは、八代将軍徳川吉宗である。朝廷側の公事政務や有職故実に敬意を払っていた吉宗は、長らく中止となっていた大嘗会を再興する。元文三（一七三八）年一一月一九日、桜町天皇の大嘗会が挙行された。と同時に、吉宗は今後の考証に役立つようにと、国学者で有職故実研究家でもある田安十人組（吉宗次男、田安宗武の家臣）の羽倉藤之進在満（荷田在満《かだのありまろ》）と、住吉具慶《すみよしぐけい》の孫で幕府御用絵師住吉内記廣守《ひろもり》を京に派遣し、大嘗会の詳細な式次第を報告させた(7)。荷田在満は吉宗の依頼を受けて、『大嘗会儀式具釈《だいじょうえぎしきぐしゃく》』と『大嘗会図式』にまとめ献上した。図版や挿絵が多くわかりやすいその出来栄えに、吉宗は満足し、荷田在満の実家である羽倉家は大いに面目をほどこし、家門の誉れと喜んだ(8)。

『大嘗会便蒙』と出版禁止の波紋

荷田在満は吉宗に献上した二編を要約し、さらに『大嘗会便蒙《だいじょうえべんもう》』上下二巻にまとめ上げた。この『大嘗会便蒙』は、国学者である彼の考え方が強く反映されたものだった。『大嘗会便蒙』は、冒頭、「朝賀之礼。即位之礼。雖其大　不出乎大嘗之左。而概李唐制為之模。非中国従来之式。大嘗則否」で始まる。「中国」には「ワカクニ」とのルビが振ってある。「中国」とは「中国《ちゅうごく》」ではなく、日本のことを指すのである。口語訳は「新年を言祝ぐ朝賀や天皇即位式は唐の真似で、わが国古来の儀式ではない。わが国固有で純粋の祭祀は大嘗会しかない」となる。つまり大嘗会の独自性を強調しているのである。この自序をみれば、在満が朝賀の礼（元旦の四方拝など、天皇がおこなうべきさまざまな儀式）や即位式そのものよりも大嘗会に優位性を見いだしていたことに気づかされる。

大嘗会の優位性を具体的に証明しようと、荷田在満は大嘗会で使用する装束をも例に出す。「山藍之摺。可以目華人之古。寿詞之奏。不可得播蕃客之耳。実是中国礼儀純粋（衣は蕃〔外国〕からの導入ではなく、中国〔日本〕の古《いにしえ》から創られた装束である。これを着て言祝ぐのだ。野蛮な外国人にはわからないだろう）」。

「実是中国礼儀純粋」な装束とはまさしくわが国日本の礼儀に適った衣装だと荷田在満は断言する。この衣は束帯の上に羽織る袖のない白布の単衣で、神事のみ着用する装束である。この衣装は小忌《おみ》という（図1-1）。

図1-1　小忌着衣之体（『大嘗会便蒙』より）

たしかに即位式では天皇は大袖の形になった唐風の袞衣《こんえ》（冕《べん》服《ふく》）を着用する。勤仕の公家たちも多くは唐風の装束である。在満は、大嘗会では日本古来の小忌を着て、「自国を言祝ぐ詩歌を奏で、風俗舞《ふぞくまい》を舞う」のだから、「中国《ワカクニ》礼儀純粋」である。だからこそ大嘗会は古から継承されたわが国固有の儀式なのだと。

大嘗会には荒河祓の行事や主基殿《すきでん》・悠紀殿《ゆきでん》・廻立殿《かいりゅうでん》などの大嘗宮の設営と翌日の壊却といった行事がある。これも天皇即位式行事とは趣を異にする。大嘗会用に建てた宮は儀式が終われば直ぐに壊してしまう。一方、即位式では式で用いた備品を翌日、展示するのだから、天皇即位式と大嘗会は全く異なった儀式の形である。在満が大嘗会の行事全体が日本独自の祭祀と主張するのもうなずけよう。

だが、そう簡単に言い切れるかどうか。小忌についてもう少し探ってみよう。

図1－2　青海波文

束帯の上に重ねる小忌は、山藍から採った草汁を絞って、鳥や、水草・蕨などの植物文様、波を幾重にも連ねた青海《せいがい》波文《はもん》（図1－2）などを型押しして擦り込んだ装束である。摺られた文様が日本固有の文様と在満は言うが、それは違う。青海波はペルシャから伝播した文様なのである。

それは『源氏物語』の「紅葉賀」の巻からも知れる。光源氏が披露する舞楽「青海波」は、日本古来の舞曲ではなく、西域の曲で李白も愛好したのだという[9]。外国のものなのだ。それに大嘗会のなかで唐楽も使われた節がある[10]。何でもかんでも日本製とはいいがたい。

実は、大嘗会で公卿が着する束帯も日本古来の装束とはいえないのである。束帯とは腰を締める意味で、腰ベルトの石帯は大陸から伝来したものだった[11]。このように考えると、即位式―中国服、大嘗会―日本古来の衣装、という分類は怪しくなってくる。服装だけみても、大嘗会が古から脈々と継承されたわが国固有の儀式であり、即位式より優位に立つとする荷田在満の主張は少し強引だろう。

さて、荷田在満は門人たちの援助もあり、『大嘗会便蒙』を元文四（一七三九）年に百部刷り、三十部を公刊した。そのうち上方から非難の声が上がり、『大嘗会便蒙』の絶版（出版禁止）と百日の閉門が決まった。この事件が契機となって向後、朝廷儀式関係の出版はご法度となってしまった。

大嘗会は一連の皇位継承式のなかでも天皇家の聖なる最高の秘儀であり、大嘗会を記録する指示は与えたが、公刊まで認めたわけではないというのが閉門の表向きの理由である。一方、在満が後に語った理由は、幕府側と在満双方の些細な感情的縺《もつ》れがあり、それが『大嘗会便蒙』の版木没収、閉門になったという。(12)

江戸幕府が編纂した歴代将軍の事暦を中心に記した『徳川実紀』のなかの有徳院（徳川吉宗）の項目に、「去年京におゐて行はれし大嘗会の儀上梓せしを絶版命ぜられき。今より後　朝廷礼典を記せし書。古く板布せし外。新に刻梓する事停禁たるべしとなる（去年京都で挙行された大嘗会の様子を出版した『大嘗会便蒙』が絶版を命じられた。今後、朝廷の儀礼関係書物に関して、過去の出版物は構わないが、新刊書は認めない）(13)」とある。今後、朝廷礼典の出版を禁止することが明記されているが、版木没収の理由は伏せられている。

『大嘗会便蒙』上下二巻の特徴は、吉宗献上本の『大嘗会儀式具釈』と『大嘗会図式』や現存する他の大嘗会関係書物と比較しても、図版や挿絵が多いというのが私の印象である。(14)大嘗宮やその内部の見取り図から、調度品、神饌などの供物類、小忌着用の公卿姿などの挿絵が多くはさまれ、大嘗会の様子がわかりやすい。大嘗宮内部の見取り図では寝所までも描く[15]。版木没収になったのは、秘儀の祭祀公表に対する報復処置なのは間違いがないが、『大嘗会便蒙』を庶民が読んでわかるレベルの書物にしたというのが大きな理由ではなかろうか。

『大嘗会便蒙』は絶版になった。だが、その後も確実に命脈を保った。というのも『大嘗会便蒙』の写本が広く流通し、それも相当数が現存するのである。それは、古代から慶応三年まで日本人により著述・編纂・翻訳された書籍の所蔵先を記した目録である『国書総目録』をみると明らかである。相当数の大嘗会関係の類書の現存が確認できる。将又《はたまた》、古本市場には未だに大嘗会関係の古本が出回っている[16]。写本が多いとしか考えられない。

大阪府立中之島図書館の『大嘗会便蒙』の各刊記を調べたことがある。大嘗会の時期前後に、神社関係者によって筆写されたものが多い。大嘗会がおこなわれるごとに手写しされ、広まっていったのであろう。

ところで、それらの写本で和綴じの『大嘗会便蒙』を複数並べて眺めると、なにかが少しずつ違う。大阪府立中之島図書館が所蔵する八種類の『大嘗会便蒙』を比べて気づかされる。写本段階で写し間違いがあったようで、図像が少し違うのである。その一例が、前述の、小忌を着た人物たちの姿（図1－1）で、書写を繰り返すうちに、日陰蔓《ひかげのかずら》（図1－3）の心葉《こころば》が消え、小忌の文様が消え、公家の表情も異なってしまった。原本から手写しし、それを底本にして次々と転写している間に違った図像や文字へと変わってしまったのである。伝言ゲームのように。しかしそのようなズレも大嘗会に対する好奇心や情熱があったればこその間違いであろう。

　言うまでもなく、吉宗の後押しで半世紀ぶりに再興された大嘗会は非公開であった。それでも、庶民は非常なる好奇心で眺めていた。町触の箇所でふれるが、夜中、大嘗会をのぞきに来た庶民が咎められている。時代がくだって天明八（一七八八）年、京に上がった松平定信と時の関白鷹司輔平が、光格天皇の大嘗会が人々の話題になったことを取り上げている。[17] 大嘗会は即位後一年以内に実施するのが定石だが、安永八（一七七九）年、即位式をおこなった光格天皇の大嘗会は七年後の天明七年だった。畿内では大嘗会の延期も話題になったはずである。見物が禁止されているから人々は大嘗会に対して無関心だった、という見方が当てはまらないことは明らかである。

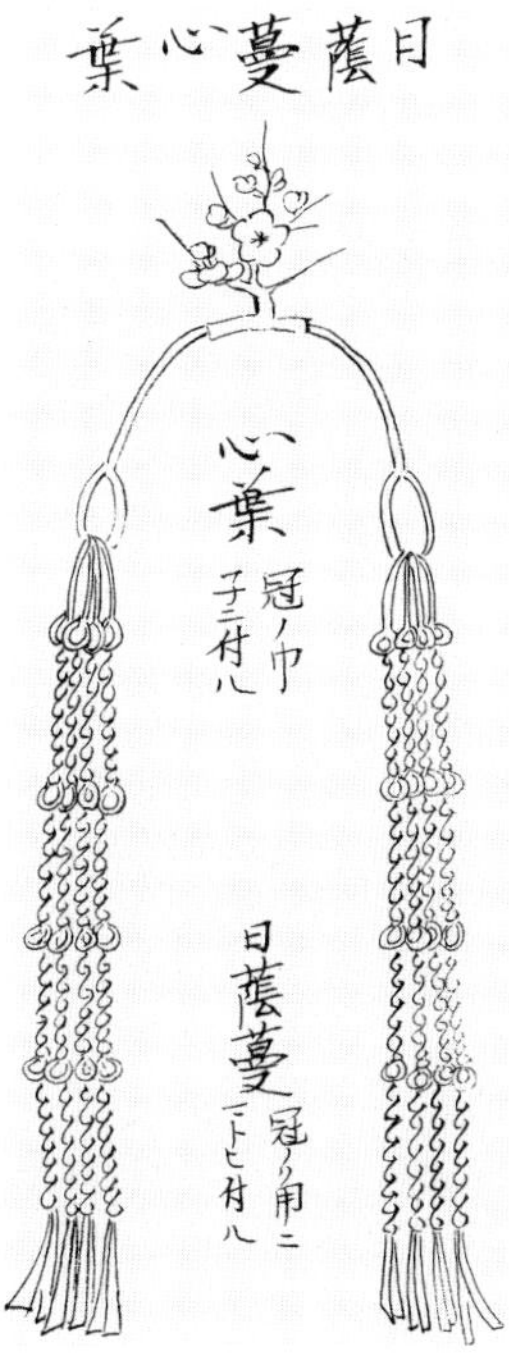

図1－3　日陰蔓（『大嘗会記』より）

第二章　近世歴代天皇の即位式

1　近世成立期の天皇（一五五七〜一六三〇年）

正親町天皇・後陽成天皇――戦乱の世から秀吉の治世へ

前章では天皇即位式と大嘗会の相違点を考えた。本章では近世初期から江戸時代の歴代の天皇即位式をとりあげ、天皇即位式が執行されるまでの経緯をたどってみる。天皇即位式と大嘗会が執行された年月日、天皇の年齢（かぞえ年）を次頁の表にした。それを参考に即位式を見ていきたい。

一〇六代正親町《おおぎまち》天皇は、弘治三（一五五七）年一〇月二七日践祚、ときに四二歳。剣璽渡御式のない簡素な即位式であった。(1)戦乱の真最中であり、庶民も到底見物できる状態ではなかった。

豊臣秀吉が天下統一に邁進していた天正一〇（一五八六）年、一〇七代後陽成天皇は、元服後、祖父で先帝の正親町天皇の譲位を受け一一月七日受禅、剣璽渡御式を挙行した。二五日には紫宸殿で即位式がおこなわれた。「御即位無事在之、関白殿御出仕、後伴衆美々敷事々敷、近来見物不可

表　徳川時代の天皇即位式と大嘗会一覧

代	名称	皇位継承	年齢（かぞえ）	即位式挙行年月日	大嘗会	大嘗会挙行日	備考	徳川幕府将軍名
一〇八	後水尾天皇	受禅	一六	慶長一六（一六一一）年四月一二日	×			二代徳川秀忠
一〇九	明正天皇	受禅	八	寛永七（一六三〇）年九月一二日	×		女性	三代徳川家光
一一〇	後光明天皇	受禅	一一	寛永二〇（一六四三）年一〇月二一日	×			三代家光～四代家綱
一一一	後西天皇	践祚	二〇	明暦二（一六五五）年一月二三日	×			四代徳川家綱
一一二	霊元天皇	受禅	一〇	寛文三（一六六三）年四月二七日	×			四代家綱～五代綱吉
一一三	東山天皇	受禅	一三	貞享四（一六八七）年四月二八日	○	貞享四（一六八七）年一一月一六日		五代綱吉～六代家宣
一一四	中御門天皇	受禅/諒闇	一〇	宝永七（一七一〇）年一一月一一日	×		元服前	六代家宣～八代吉宗
一一五	桜町天皇	受禅	一六	享保二〇（一七三五）年一一月三日	○	元文三（一七三八）年一一月一九日		八代吉宗～九代家重
一一六	桃園天皇	受禅	七	延享四（一七四七）年九月二一日	○	延享五（一七四八）年一一月一七日		九代家重～一〇代家治
一一七	後桜町天皇	践祚	二四	宝暦一三（一七六三）年一一月二七日	○	明和元（一七六四）年一一月八日	女性	一〇代家治
一一八	後桃園天皇	受禅	一四	明和八（一七七一）年四月二八日	○	明和八（一七七一）年一一月一九日		一〇代家治
一一九	光格天皇	践祚	一〇	安永九（一七八〇）年一二月四日	○	天明七（一七八七）年一一月二七日	元服前	一〇代家治～一一代家斉
一二〇	仁孝天皇	受禅	一八	文化一四（一八一七）年九月二一日	○	文政元（一八一八）年一一月二一日		一一代家斉～一二代家慶
一二一	孝明天皇	践祚	一七	弘化四（一八四七）年九月二三日	○	嘉永元（一八四八）年一一月二一日		一二代家慶～一五代慶喜

過之云々（御即位は無事終了。関白秀吉殿が御出仕なさった。参仕する公家衆もきらびやかで、近年になく立派な即位式が見物できた）」と伝えられる。(2) 戦乱が収束し、天皇即位式は落ち着きをとり戻した。関白秀吉も出仕し、勤仕する公家たちも揃った。即位式見物も復活し、一段の華やかさが感じられたのだろう。

後水尾天皇──家康もお忍びで見物

一〇八代後水尾天皇は、後陽成天皇の第三皇子、政仁《ことひと》親王である。後水尾天皇と後陽成天皇は不仲だった。譲位の叡旨《えいし》（天子のご意志）は慶長一五（一六一〇）年二月一二日にすでに伝達され、家康も早々の政仁親王即位を奏した。ところがその一一日後、家康の娘（某女子）が死去したため、立太子の節会（元服式）が停止し、譲位延期が奏請された。このような徳川側の個人的な都合によって、即位式が一方的に延期されたことからも知れるように、幕府側に主導権があることは明らかだった。

翌年、政仁親王はかぞえ一六歳で元服した。三月二七日に後陽成天皇が譲位し、政仁親王受禅。四月一二日には即位式が挙行された。江戸時代になって最初の天皇即位式だった。

長雨がつづき、当日朝も大雨。あがるのを待って巳の刻（午前一〇時頃）から式が始まった。

即位式開始までの間、庶民が南庭や内侍所《ないしどころ》（紫宸殿の向かって右横。図序－1）の前付近で待つ一方、あの徳川家康も裹頭姿《かとうすがた》（頭を袈裟で包んだ僧侶の姿。口絵六頁）で紫宸殿の正面階《きざはし》の下に座った。醍醐寺門跡日記である『義円准后日記《ぎえんじゅごう》』には、「予禁庭へ参、初而奉拝儀式、厳重ノ事也（私は禁裏の庭で初めて即位式を拝見した。周りは厳重に警護されていた）(3)」と記される。徳川家康は厳重に警備されて即位式を見物したようである。即位する後水尾天皇は家康の孫娘（秀忠の娘和子《まさこ》、のちの東福門院）の夫君になることが決められていた。祖父がお忍びで孫娘の夫になる人物の即位式を見物しようとやってきたのである。

殿上人用に紫宸殿の堂上《とうしょう》堂下に見物席が設置され、その付近は行幸の従者の雑人ほか、庶民階層の人々もやってきた。「堂上堂下雑人仰検非違使令払之」と伝えているように、式開始直前、公卿等の見物席である堂上堂下付近に陣取り徘徊していた雑人らは、御所を警護する検非違使《けびいし》たちに追っ払われた。雑人には、見物にやってきた庶民ももちろん含まれる。

後水尾天皇即位式の四年後の元和元（一六一五）年に「禁中並公家諸法度《きんちゅうならびにくげしょはっと》」が公布され、朝廷への締め付けが強化された。禁裏側の当然の権利であった即位・譲位、それに改元・官位叙任権などは、為政者である徳川幕府側に移り、それを武家伝奏使（朝廷と幕府との間の連絡を担った公卿）が伝えることになった。また京都所司代が宮中の監視役となり朝廷支配の仕組みが確立された。天皇の譲位と即位に際しては、徳川幕府にお伺いを立てねばならず、天皇は学問や文芸にいそしみ、政治にはいっさい口を挟んではならないと定められた。

明正天皇――前代未聞の幼女帝

元和六（一六二〇）年、後水尾天皇は徳川和子を正室に迎え、四年後、女一宮が誕生する。女一宮はかぞえ二歳で髪置（白髪に似せた白綿を頭に乗せ、長命を願う儀式）、翌年には色直し（出産時の白装束から常の装束に戻す儀式）、そして五歳の深曾木《ふかそぎ》の儀式（髪を切り揃える儀式。これらの儀式が現在の七五三にあたる）などの産育儀礼をつつがなく終えた。

寛永六（一六二九）年一〇月二九日、女一宮に内親王の宣下《せんげ》があった。宣下とは、天皇が命令を下すことで、女一宮に内親王の称号が与えられ、興子内親王《おきこないしんのう》と名乗る。ところがこの宣下からわずか十日後の一一月八日、後水尾天皇は譲位し、興子内親王に受禅が下った。『本源自性院記《ほんげんじしょういんき》』（近衛《このえ》信尋《のぶひろ》の日記）、『時慶卿記』（西洞院時慶《にしのとういんときよし》の日記）、『泰重卿記』（土御門泰重《つちみかどやすしげ》の日記）など公家のどの日記にも、至急、禁中に参内するよう言われ、急いで束帯に着替え午前八時頃参内したと記されている。一体何事がおこったのかわからなかった。譲位を聞かされ驚愕したという。午後二時頃、譲位節会挙行。かぞえ七歳の女児だし、突然のことだったので、剣璽渡御の儀式と剣璽渡御行列はなかった。翌九日、後水尾天皇の皇后和子にも、東福門院の院号が宣下された。

この譲位は、幕府側にとっても青天の霹靂《へきれき》であった。その遠因は、二年前に幕府が天皇の紫衣《しえ》の勅許（任命権）を禁じたことにあった。紫衣とは、高僧が着用する紫色の法衣や袈裟《けさ》のことである。この紫衣は天皇から高僧・尼に下賜するのが慣例だったが、幕府は「禁中並公家諸法度」でそれを禁じ、後水尾天皇が紫衣を下賜した僧たちを流罪にした。これが紫衣事件で、一六二七年のことである。以後、後水尾天皇と岳父・徳川秀忠との対立関係は、弥《いや》が上にも増し、面目を潰された後水尾天皇は臍を曲げるような形で譲位、娘の女一宮を天皇に指名したのである。

後水尾天皇譲位の翌年七年三月一六日には幕府側から松平中務大輔忠治が派遣され、受禅が承認された。着々と天皇即位式の準備が始まる。

その年の九月五日、即位を伝える役目の奉幣使《ほうへいし》を伊勢神宮と江戸に発遣した。同月一一日、即位式に立てる幢《はた》などの威儀物（神威を高める調度品）を南庭に飾り準備を整える。翌日には即位灌頂(4)を済ませた一〇九代明正天皇の盛大な即位が執りおこなわれた。

後水尾天皇の突然の譲位と政治的葛藤、女帝・明正天皇の即位式のあらましは、『御即位記』『明正院寛永御即位記』『寛永御即位記略』からうかがえる。表題は違うが三冊とも内容は全く同じである(5)。『寛永御即位記略』のみ絵図が挟まれていた（口絵一頁）。

儒家神道を奉ずる藤原惺窩《せいか》に師事し、林羅山らと共に朱子学四天王の一人と称され、尾張藩の儒学者であった堀正意《まさおき》がこれらの本の著者らしい。序言は神国・天照大神・天日嗣などの詞章や後水尾天皇譲位の顚末と礼讃から始まる。

「去年冬、後水尾天皇は俄に第一皇女に譲位された。幕府が知れば驚くであろう。女帝は奈良時代に数代いらしたが、平安時代以降八百有余年見ていない。神国のわが国では天照大神がまさしく姫神だった。女帝誕生は久しく稀なことだが、天日嗣《あまつひつぎ》としてお迎えし万世まで伝えよう。後水尾天皇には外戚の圧力によって、破れた履《くつ》を脱ぐように惜しげもなく帝位を捨てないようにと強く諫めたのだが、天子譲位の意志を翻させることはできなかった。源頼朝以来幕府側の禁裏に対する崇敬の念は変わらない。中国では堯《ぎょう》が舜《しゅん》に譲り、舜が禹《う》に譲したのは、皆年老いたからなのだ。だが後水尾天皇はまだ壮年なのにまつりごとを避けておしまいになった」(6)。

奈良時代の女性天皇の例をあげ女帝即位を是認する。その一方で中国古代の理想の皇帝に倣い、後水尾天皇退位を惜しむ。つづいて朝廷と幕府との関係にもふれる。幕府の態度を非難するわけではむろん、ない。まつりごとの基盤は京都の朝廷であっても、後水尾天皇が身を引くことで、幕府との関係は諸事万端収まるというのが堀正意の論である。幕府にも非がなく天皇家の血統も守られる。幕府権力との微妙な交錯関係が推し量れる内容である。

徳川家から輿入れした正室・東福門院は男児を二人産んだが、二人とも夭折した。正室以外では男児がいたことはいたが、後水尾天皇は女一宮（興子内親王）を受禅させた。女帝の結婚は認められていないから、徳川家の血筋に連なる天皇は女帝明正天皇で断ち切れる。徳川家の血統を天皇にという徳川家の野望は潰えることになろう。有り体に言えば、後水尾天皇の突然の譲位は、徳川家への意趣返しであったということだ。盤石な武家社会を築きつつある徳川幕府への、後水尾天皇の抵抗だったと言えなくもない。

八百有余年ぶりの女帝誕生というだけではない。幼女帝というのは前代未聞である。過去の先例に従うのが有職故実の鉄則だから、これはありえない事態だったのだ。外戚が徳川家でなければ、後水尾天皇はあえて女一宮興子内親王を即位させることもなかった。徳川家の野心を潰すことに執心した結果の幼女帝擁立ゆえ、後水尾天皇は周囲に有無を言わさず、短期間にことを進めたのであった。

譲位してからは、後水尾院は四人のわが子（明正・後光明・後西・霊元）を次々と天皇に即位させ、背後から天皇を動かす院政を敷き、朝議復興に力を注いだ。譲位後の半世紀の間、修学院離宮を造営し、寛文期の宮廷文化の中心人物としてめざましい功績を残した。朝廷への締め付けに対する後水尾院の義憤や抵抗が、近世前期の宮廷公家文化を花開かせることになったわけである。「禁中並公家諸法度」は、宮中と公家を政治の世界から遠ざけることを意図して制定されたのだから、裏を返せば、後水尾院の文化的活動は幕府側の狙い通りだったと言えなくもない。

明正天皇の即位式挙行に際しては、前回の慶長一六年の後水尾天皇大礼の際の御訪帳《おたずねちょう》（献上者名簿）や出納大蔵（収入と経費）の写し、それに借用書（使用する装束などの一覧表）の写しが参考にされた。

天皇即位式だからといって、なにもかもが新調されるということはない。装束類や展示物、そして、とりわけ諸卿の礼服などは、古物を修理して使用するのが慣行だった。

藤原経光《つねみつ》の日記『民経記《みんけいき》』には、後嵯峨天皇即位式（一二四二年）にあたって藤原家良《いえよし》（鎌倉時代初期の公卿）に礼服の借用を請うた話や、順徳天皇即位時（一二一一年）、天皇の被る玉冠がないので、東大寺勅封蔵から玉冠を借りた話を載せている。今回も必要な装束を官庫から借り再利用した。しかし、それでも、列席する公卿たちの玉冠や礼服のいくつかは新調され、[7]なかでも、幼女帝である明正天皇のために、女児用の規格に採寸・縫製した装束、御服（袞衣《こんえ》）が新たに誂えられた。[8]

江戸から土井大炊頭《おおいのかみ》、酒井雅楽頭《うたのかみ》両奉行が上洛した。京都所司代の板倉周防守《すおうのかみ》重宗の配下が見物人警固にあたった。明正天皇「御即位行幸図屛風」（口絵二～五頁）に描かれる直垂《ひたたれ》姿の一群は、京都所司代配下の警固の武士だろう。彼らは事故に備えて御所内を警固した。貴賤に関係なく見物人が即位式のおこなわれる御所内の南庭に溢れてしまったからである。[9]

即位式の終わりを告げる香煙と鉦鼓を打つ音が禁裏内外に響いた。式終了後、月卿雲客《げっけいうんかく》（公卿を月に、雲を賓客とする喩え。公家のこと）が紫宸殿の廊下から幼帝を伏し拝み、被衣姿に正装した女房たちも我先に明正天皇に駆け寄って労をねぎらい明正天皇を拝んだと『泰重卿記』は記す。安堵と感動の一場面である。

突然の譲位や幼女帝誕生は、さまざまな憶測や話題を生んだことであろう。それでも即位式はつつがなく、そして華麗に終わった。これが史料からながめた明正天皇即位式の顚末である。

政略結婚ならぬ政略的即位。年端もいかぬ幼女が中継ぎの天皇として選ばれた。しかし明正天皇の在位は一四年に及んだ。彼女を単なる中継ぎと言い切れない。

幕府側はこの即位式までの経緯を重要視し、「禁中並公家諸法度」の遵守を求めて直談判にやって来た。即位式の二カ月後の一一月、京都所司代の板倉周防守重宗、初代京都所司代だった板倉勝重の子で、のち島原の乱で戦死する三河深溝城主・板倉内膳正重昌《ないぜんのかみしげまさ》、家康の側近で「禁中並公家諸法度」の起草者である僧金地院崇伝《こんちいんすうでん》ら三人が、摂政一条昭良《あきよし》に会い、幕府の公武礼節の趣旨を確認させた。(『徳川実紀』「大猷院〔=三代将軍家光〕御実紀一六」)。即位や譲位のときは、まず幕府に使者を立て受諾されてから執行する条項を遵守するようにと迫った。昭良は、幕府に対しては「典故練熟《てんこれんじゆく》」に従順であると応えたが、朝廷側にとっては不愉快この上ないことであったろう。このような有無を言わせぬ幕府側の強引な態度から、江戸初期における朝幕の力関係が知れ、天皇即位式の一部始終に口を挟んでいたことが察せられる。

2 将軍上洛なき後の天皇(一六四三〜一七一〇年)

後光明天皇――幕府が見物を禁止する?

一一〇代後光明天皇は、寛永一九(一六四二)年九月一九日、後水尾天皇の正室・東福門院の養子となった。宣下を受け、紹仁《つぐひと》親王となり、翌二〇年九月二七日、かぞえ一一歳で元服した。子どもから成人男性への通過儀礼が元服で、理髪・加冠する。紹仁親王の元服を待って明正天皇が譲位し、いよいよ即位式の準備が整った。

後光明天皇の即位式の様子は、『隔蓂記《かくめいき》』からも知れる。『隔蓂記』は、鹿苑寺（金閣寺）の住持鳳林承章《ほうりんじょうしょう》が寛永一二年から寛文八年まで書き綴った日記で、近世前期の公家文化にかんする事柄が多く記される。後光明天皇即位式の様子も書き連ねているのだが、そこに興味深い箇所がある。

「寛永二〇年一〇月三日、後光明天皇が受禅なさった。諱《いみな》は紹仁、父は後水尾上皇、母は園基任女、つまり京極局である。紹仁親王は後水尾院の正室、皇太后東福門院の養子となった。一〇月二一日、午の刻（午後零時）から即位式がはじまった。私は即位式を見物しようと、昼食後、勧修寺大納言宅へ向かい、二人の僧を伴い御所に出かけた。ところが御所の門は堅く鎖で閉ざされて見物ができなかった。こんな仕打ちにあうとは前代未聞だ(10)」

即位式見物に出かけたのに、見物できなかったことを憤慨する内容である。だが承章が言うように、御所内に入場できないように閉門されていたのだろうか。別の史料からも探ってみたい。

明正天皇が譲位式と譲位節会と同時に、紹仁親王の受禅もおこなわれた。受禅は午前四時から六時頃までで、剣璽渡御の全行程が済んだ。つづいて仙洞御所まで剣璽渡御の路次行列があった。後光明天皇の生涯を記録する『寛永記』や『後光明院御元服即位等記』によれば、大勢の公卿が参列して麗々しかったという（『天皇皇族実録』より）。剣璽渡御（図序－2）は、「一公卿以下の僮僕等儲御所におゐて四足の内に入へからさる事（下級公家は四足門から入ってはいけない）」「一此外見物の輩は四足門より一人も不可入者也（このほか、見物人も四足門から絶対入ってはいけない）」[11]と決められており、庶民は禁裏内で実施される剣璽渡御の式は見物できなかった。ただ路次行列は移徙《わたまし》行列と同じことなので、庶民は行列見物ができた。承章もこの行列は見物している。

一二日には礼服御覧《らいふくごらん》があった。礼服御覧とは即位式に着用する天皇や公家の装束一式を試着し、なにか不都合がないかを確認する行事である。紹仁親王（後光明天皇）は幼主ゆえ、摂政の二条康道がその代理を務め、当日の着用衣装を確認した。このようにして準備が順調に進められ、二一日の天皇即位式を迎えたのであった。

さて、『隔蓂記』によれば、即位式当日、警固の武士が御所の門を閉め鳳林承章一行を南庭内に入れてくれなかった。承章は、「江戸から武士が上洛し、御所の警固にあたっているが、そんな新しい法律でもできたか。これは禁闕（天子の入る場所）の作法ではあるはずがない」[12]と即位式の見物ができなかった不満をぶちまけたのであった。

この文からだけでは、今回も後水尾上皇と幕府側との軋轢が尾を引き、警固の武士が見物衆を禁裏内へ入れなかったのだという意味にとられるかもしれない。たしかに、京都所司代から派遣された武士や江戸から上洛した武士も居あわせていたから、公家出身の鳳林承章は、「御所の門を閉め見物人を入場させないのは朝廷側の考えではなく、幕府側が勝手に決めた新しい禁令なのだ。誰が為政者か！」と息巻いたのも無理はない。

厳しい警固は、明正天皇の後継者に幼少の後光明天皇を指名し、またもやわが子を天皇につけた後水尾上皇にたいする徳川幕府側の対抗策ととれば、『隔蓂記』に綴った怒りもわかる。

明正天皇は、秀忠の娘・東福門院と後水尾天皇の女一宮であるし、八百年ぶりの女帝出現という異例の事態が相俟《あいま》って即位式が話題だったのと同時に、徳川家の血筋から天子を輩出したかった秀忠の野望も消えた。だから次代の後光明天皇即位式では警固の武士たちが見物人の入場を阻止すべく、門を閉めたという。本当に彼の解釈通りなのだろうか。

実はそうではなく、鳳林の思い違いだったことが、他の史料から見えてくる。

鳳林が天皇即位式を見物に出かけたのは昼食後である。鳳林は正午頃から始まったと書くが、即位式は巳の刻（午前一〇時頃）にすでに始まっていた。そのうえ物見高い見物衆は早朝から禁裏内南庭に詰めかけており、南庭は見物衆で埋め尽くされていた。

鳳林が入場を制止されたのは、来場時刻が遅かったからではないか。見物席も一杯でこれ以上の入場は無理だった。禁裏内南庭に見物衆が溢れていたから閉め出されたのであって、もっと早く到着しておれば、入場できたかもしれなかったのである。そのような事情は、後水尾天皇の実弟だった近衛信尋《このえのぶひろ》の日記『本源自性院記』からわかる。なぜなら信尋も見物集合時間に遅れ、公卿が列座する見物席で即位式を見物できなかった。そこで、信尋は、列席した公家から即位式の有様を聞いて日記にその様子を認《したた》めたとことわっている[13]。遅刻すれば、公家といえども御所内南庭には入れなかった。

入場できる門や場所についても考えてみよう。四足門（建春門）や承明門からの入場は公卿のみで、庶民は東側の日華門と西側の月華門からだけ入場が許可された（図序－1参照）。正午には警固のためおそらくどの門からも入れなかっただろう。

『後光明院御元服即位等記』には、「堂上堂下雑人仰検非違使払之（紫宸殿の近くやその上にのぼった見物人を検非違使が追い払った）[14]」と、後水尾天皇の即位式と同様の記述である。後水尾天皇や明正天皇の即位式と同じく、後光明天皇即位式にも朝早くから見物人が詰めかけ満員状態だったことは間違いない。

今回は、武家代官として関東から当月朔日に上洛した酒井讃岐守、松平伊豆守、京都所司代の板倉周防守の三人は左近の桜近く、天野豊前守と高木伊勢守は違う場所だったが、皆御所内南庭に座って見物した[15]。関東から上洛した武士たちも同様に庭に腰を下ろして見物である。殿上人なら紫宸殿内で見物できた。後水尾天皇即位式では、徳川家康は地面に座って見物したことを思い起こせば、神君家康公より高い位置から見物することはあり得ない。いずれにしても、武士が多く参集していたことは確かであるが、武士が鳳林の入門を断ったのは、遅れて来たことと、御所内が超満員だったから、というのが事実なのではないか。

しかしこの鳳林の憤慨は、裏をかえせば、後光明天皇即位式以前から、僧侶が禁裏内で天皇即位式を見物していた根拠になろう。鳳林は僧侶二人を同伴し即位式を見物するつもりだった。僧侶の即位式見物の慣行は黙認されていたのである。

後光明天皇は、父の後水尾天皇にもまして幕府大嫌いで通っていた。多くの武士に監視されたこのような即位式を苦々しくおもったはずである。後光明天皇がかぞえ二二歳で、疱瘡がもとで急死したとき、それは幕府側の毒殺ではないかと噂されたほどであった。

後西天皇・霊元天皇――後水尾院の肝入りで即位

第一一一代後西天皇は、後光明天皇崩御を受け、承応三（一六五四）年一一月二八日、花町殿において践祚。ときに一八歳。服喪の関係上、剣璽渡御のみだけで天皇即位式はなかった（『後光明院御弔記』）。剣璽渡御行列を見物しようと人々がやってきた。自院からの移徙が剣璽渡御・路次行列の代用となった(16)。

後光明天皇の践祚で天皇におさまった後西天皇は、次の霊元天皇擁立までの中継ぎ役だったといわれる。

後水尾天皇の第一九皇子、識仁《さとひと》親王（のちの一一二代霊元天皇）は、誕生直後、後光明天皇の養嗣子となり儲君《ちょくん》（皇位継承すべき皇子のこと、もうけのきみ）となった。一カ月後に後光明天皇が崩御。そこで中継ぎ役として後西天皇が即位したのである。後水尾天皇は特に識仁親王を可愛がったようで、天皇につけるべく識仁親王の元服が待たれた。

寛文二（一六六二）年一二月元服し、その一カ月後、寛文三年正月二一日に、識仁親王は新造なった土御門内裏に渡った。二六日、後西天皇譲位、識仁親王受禅。元服から受禅まで二カ月以内の速攻。同日午の刻（午前零時頃）、剣璽渡御式、剣璽渡御行列と続き、かぞえ年一〇歳の霊元天皇が誕生。生前譲位が当たり前だった近世以前では、政略的事情もあり、幼帝樹立はそれほど異常なことではなかった。先帝の明正天皇、後光明天皇の即位年齢はいずれもかぞえ八歳から一〇歳ぐらいで、元服を済ませば即位という決められた道筋が引かれていた。

父の後水尾院の力入れもあって霊元天皇の剣璽渡御式と行列は大がかりであった。日華門・月華門など御所の諸門を閉門し剣璽渡御の式を済ませ、午後には公家たちを集めて譲位節会があった。それから剣璽渡御行列である。御所付近の辻毎に幔幕《まんまく》を引き、そのあいだを宝剣、神璽のはいった櫃《ひつ》が進む行列には二時間かけた。それから夜半過ぎまで宴会がつづいた。同じ後水尾院の子息でも、九年前の後西天皇の即位時の静かな行事とは大きな違いだった。

二七日には内侍所渡御の儀の路頭行列（路次行列）もおこなわれ、三〇日には将軍家の使いとして吉良上野介義央《よしひさ》が参内し、移徙・受禅を祝い、祝儀を贈った(17)。

当初、幼い霊元天皇なら父親の後水尾院より与《くみ》やすく、幕府の意向が伝わりやすいと幕府は考えた。ところが父の後水尾院以上に一筋縄ではいかない手強い存在だった。朝議復活を強く幕府に訴えた霊元天皇は、後水尾天皇や後光明天皇以上に大の幕府嫌いだったことがわかってくる。

霊元天皇の在位期間は二五年である。さらに譲位後およそ四〇年以上の長期にわたって上皇・法皇として院政を敷き、息子の東山天皇から孫の中御門天皇にいたるまで隠然たる力を発揮し、享保一七年に崩御した。院政時代が長かったことは父後水尾天皇と同じ立場だが、幕府と正面切って対立し譲位してしまった後水尾天皇とは違って、強硬な手段に走らず幕府に朝廷の方針を少しずつ認めさせるやり方をとった。しぶとく行動した人物だった。「英邁剛毅」と評され、聡明で剛健で、歌道にも秀で、能筆家でもあった。

東山天皇——深夜まで及んだ剣璽渡御

近衛基熙《もとひろ》は、朝幕間の意思疎通を実務的にこなし、後水尾・霊元両院の院政下にあって公家のトップまで登りつめた人物である。霊元天皇即位の頃は左大臣だった。数年後、関白の要職に就くが、それは徳川綱吉・家宣治下とかさなる。

近衛基熙の正室は、後水尾天皇の皇女品宮常子《しなのみやつねこ》内親王である。明正天皇とは異母姉妹だった。近衛基熙は日記『基熙公記』を残し、正室の品宮常子内親王は『无上法院殿御日記《むじょうほういんでん》』を残した。この夫婦の日記は当時の幕府と朝廷の関係を知るうえで重要であるが、とりわけ天皇即位に関して大きな示唆を与えてくれる。後に紹介したい。

娘の近衛熙子は六代将軍徳川家宣に嫁いだ。つまり、近衛基熙は家宣の岳父となったのである。幕府寄りの人物ととられても不思議ではない。幕府嫌いの霊元天皇とはそりが合わず霊元天皇は基熙を疎んじた。

明正から霊元天皇の初期までの朝幕関係は、最悪の状態だった。延宝五（一六八〇）年、五代将軍綱吉の頃からは、幕府は朝廷とは融和策をとるようになり、次の東山天皇即位の頃には、功を奏し始めていた。

霊元上皇の院政の力が強いときには、近衛基熙は等閑視された。東山天皇即位時の関白は霊元天皇の側近の一条冬経（兼輝）で、基熙とは犬猿の仲だった。基熙の復活は、もうすこし先である。

東山天皇の元服から即位式までの期間は、四カ月であった。さきの霊元天皇が元服から受禅までが約二カ月だったのと同様、短期間なのは偶然ではない。元服が済めば時をおかずに受禅、即位式というのが公認されていたようである。今回も陰陽師が先に受禅の日程を定め、次に元服の日取りを占って勘申《かんじん》（上官に意見を申し上げる）した。

朝仁《あさひと》親王（東山天皇）は、貞享四（一六八七）年正月一八日一三歳で元服する。その前の移徙（行啓行列）では月卿雲客が残らず群参した。御所付近は混雑し、二時間後にやっと行列が出発できる有様であった、大勢の庶民が遠巻きに囲み、この行啓行列を見物している。当日には譲位と剣璽渡御の習礼《しゅうらい》（予行演習）も実施され、三日後の二一日、譲位節会の本番を迎えた。

基熙は譲位や剣璽渡御の詳しい解説や、朝儀に頻出する練歩《れんぽ》もすべて書き綴った。練歩とは譲位や剣璽渡御、元服、立太子節会などの重要な朝儀や神事のときに、参列する公卿たちが大仰な身振りとともに非常にゆっくり進む不思議な歩行法である。基熙は練歩の由来はわからないというが、朝儀では相当古い時代から見られた身体表現らしい。『紫式部日記』にも彼女が仕えた道長の彰子が一条天皇を出産した祝いの場面にその歩行方法がでてくる。公卿たちはこの歩行練習に大いに頭を悩ませた。

緩慢な歩行であるこの練歩のせいで、譲位節会の終盤に演じられる剣璽渡御式は、申の上刻（午後五時頃）に始まり、終わったのは亥の半刻（午前零時過ぎ）だった。黄昏どきから深夜にまで及んだのである。極寒の季節、夜半の御所内での剣璽渡御、参仕者たちには寒さが身に堪えたことだろう。

こののち、東山天皇即位式の習礼は、父・霊元上皇臨席のもと、同四年四月二三日実施、二八日には本番を迎えた。

江戸幕府の儀礼や典礼を掌る役職である高家の肝煎（世話役）で、とりわけ有職故実に秀で、五代将軍綱吉のお気に入りだった吉良義央は霊元天皇の受禅につづき、次代の東山天皇元服の賀にも参内している。太刀、馬代白銀千両、蝋燭千丁を進上した。『忠臣蔵』の題材になった赤穂藩主・浅野長矩《ながのり》の刃傷事件は、この一四年後のことだ。

中御門天皇──行列での不吉な予兆が的中

江戸時代の天皇即位を調べていて気づかされること、それは皇位継承者と目される親王は、出産から即位までの通過儀礼の記録が丁寧に残されていることである。霊元天皇がそうであったし、中御門天皇もその傾向が強い。

慶仁《やすひと》親王（中御門天皇）は元禄一四（一七〇一）年一二月一七日誕生、翌日湯殿具（生後三日目に新生児を沐浴させる儀式のときに用いる湯浴み道具）をつくる。三日目には、産湯後、新生児に袖のある産着を着せ、胎児を包んだ膜と胎盤を桶や壺に入れて土中に埋める胞衣《えな》納め式があった。同日は新しく炊き産土神に供えた飯を産婦などが食べる産湯飯の儀式もすませた。五日後には新生児が初めて産着を着る産着召、七日目は産髪垂《うぶがみたれ》とお七夜祝があった。産髪垂とは、生まれてはじめて髪を切る儀式で、お七夜は誕生後、七日目の祝いのことである。一年後には出産した産婦の穢れ期間が終了し、忌が明けた。

誕生から一年が過ぎた元禄一五年の一二月一一日には髪置があり、かぞえ三歳誕生日前日（同一六年一二月一六日）にお色直し、そして宝永二（一七〇五）年一一月二七日には、深曾木の儀をすませた。かぞえ七歳には皇位を継承する皇子を意味する儲君に指名され、親王宣下を受け慶仁親王の諱を賜った。宝永五年二月一六日には立太子節会があり皇太子となり、天皇即位式へと着々準備がすすんだ。

そんな折、同年三月八日、禁裏御所が炎上した。宝永の大火である。慶仁親王は今出川の関白近衛家熙《いえひろ》宅に行啓し、この避難先を仮殿にした。奉行所（幕府側）は、御所が焼失したのだから慶仁親王の元服を明年（宝永六年）に延ばすよう通告してきた。このような幕府からの通告を伝奏《てんそう》という。そこで朝廷側は、明年三月一六日、慶仁親王の紐直しの儀（かぞえ七歳の祝）を済ませ、東山天皇譲位と慶仁親王受禅を六月二一日にするよう定めた。譲位節会と剣璽渡御式は、仮皇居となっている近衛家熙宅でおこなわれた。摂政には近衛基熙の息子家熙が任ぜられた。

即位式までの定式に従えば、受禅の前に元服の儀を先に済ませねばならないところだが、御所が焼失しているのだから、元服式の見通しがたたない。しかたなく東山天皇は自身の譲位と慶仁親王への受禅だけを先行させた。形だけの即位を終え、これから庶民にも見てもらう新帝の即位式の準備が進められた。ところが、その年の九月三〇日、慶仁親王は疱瘡《ほうそう》（天然痘）を患ってしまう。疱瘡はいったん全快すれば二度と罹らないが、亡くなることも稀ではなかった。毒殺説も流れた後光明天皇の崩御も疱瘡が原因であった。

七社七寺[18]で平癒祈祷が始まった。桂宮家表詰所の諸太夫以下家司によって書き継がれた日常雑記に『桂宮日記』というのがある。そこには天皇が疱瘡にかかると、古例に基づき、近江坂本の山王権現の猿に伝え、禁裏の絹蒲団や衣類を与えたとある。施行の一環であろう。さいわい慶仁親王は半月程度で平癒し、酒湯《ささゆ》神事を迎えることができた。酒湯は笹湯ともいい、疱瘡が癒えたしるしに酒を混ぜた湯に子どもを浴《ゆあ》みさせる。江戸時代半ばに広まった習俗である。

再度即位式の準備に戻る。このとき父の東山天皇はかぞえ三六歳。祖父の霊元院は五七歳だった。東山天皇は父の霊元院の院政を嫌い、自分が譲位したら、父にかわって自分が院政を敷こうと考えていた。霊元院に疎んじられていた基熙（家熙の父）と東山天皇が親密になるのは、自然の成り行きだった。東山天皇が上皇になり中御門天皇を後見することになれば、東山院と近い近衛基熙の禁裏内での立場も強まるだろう。丁度前左大臣・近衛基熙が太政大臣に任ぜられたその勢いに押されてのことであろう。

宝永六（一七〇九）年一一月一六日、中御門天皇（慶仁親王）は近衛家熙宅から新築なった内裏へ移徙し、先帝東山院が仙洞御所に移った。新内裏遷幸行列である。遷幸行列は楽隊付きであった。先頭を飾るのは楽人たちである。雅楽「慶雲樂《きょううんらく》」を奏でる。楽人の側を武官の公卿たちが、そしてその横を松平紀伊守組与力が警固した。[19]楽人の後ろには慶仁親王の乗った鳳輦《ほうれん》（尾形に金銅の鳳凰をつけた輿《こし》）がつづく。あらゆる階層の人々がこの遷幸行列見物にやって来た。大勢の見物人でお互いの袖が触れあうほどの混みようだった。中御門天皇の鳳輦を伏し拝んだ遷幸行列は四時間も続いたという。

家業が神楽担当で権大納言だった東園基長《ひがしそのもとなが》もその賑わいを、「見物道俗男女不余尺地、遠近国々伝聞輩為拝見上洛、況於京城乎、諸人成群拝見寔ニ邂逅之行粧近年之奇観、尤有故事也（即位を聞きつけ遠路はるばる京都までやって来た人々や、もちろん近くの京都在住の人々も大勢駆けつけ、道は見物人で一杯だった。近年では滅多と見られない見物だから無理はない）」[20]と記した。遷幸行列を見物しようと、洛中洛外だけではなく畿内《かみがた》全域から大勢の人が駆けつけ、見物席は尺地《せきち》（わずかな場所）の余りなく超満員となったことがこの東園基長の文から知れる。

鳳輦渡御が始まる前、二翼の鶴が雲上を舞ったという噂だった。奉祝行事ではよくある話だ。宝暦一三（一七六二）年の後桜町天皇即位式の最中に、紫宸殿の屋根の上に白い鳥が現れ即位式を見守った。これは公家日記に散見される。このように、天皇即位式に瑞兆の風聞は事欠かない。だが、不吉な前兆が現れたとしたら。実は、この行列の最中、鳥が落死した噂も流れたのである（『桂宮日記』）。

遷幸行列など即位式までの準備が着々と進み、一カ月後（一二月一六日）には元服式の予行演習（習礼）まですんだ。だが、鳥の落下死という不吉な予兆が的中したようだ。その二日後の一八日、東山院（上皇）が疱瘡にかかり突然崩御したのである。慶仁親王（中御門天皇）の元服の儀は中止となり、もちろん、即位式も延期となった。

諒闇《りょうあん》（喪に服する忌み期間）の伝奏が決まった。

東山天皇は父の霊元院の隠然たる圧力から脱すべく、譲位して自身が院政を敷こうと図っていたことは述べた。他方、近衛基熙はといえば、基熙と品宮夫妻の娘熙子《ひろこ》は、甲府藩主徳川綱重の長男綱豊に嫁いでいたから、基熙は幕府大嫌いの霊元院から疎まれていた。五代将軍徳川綱吉も将軍選出の件で、綱重を良くおもっていなかったから、綱重の岳父である基熙のことも快くおもっていなかった。ところが宝永六年に綱吉が薨去し、娘熙子（のちの天英院）の夫綱重が将軍職を継ぎ六代将軍徳川家宣となった。このような背景から、近衛基熙は親幕派とか公武合体派と目されるけれども、有職故実に造詣の深い基熙は、天皇と将軍、基熙自身の三者の均衡関係を保つしたたかさにも長けていた。彼は三者間の微妙な均衡を維持しながら、相互の仲介役となることが自己の権勢に繋がると考えていたのではないか。

将軍の岳父という立場を利用して、中御門天皇の祖父である霊元院が存命中でも、関白に復帰して幕府とより親密な関係を築けるともくろんでいただろう。率直にいって、東山院とは利害が一致していた。その矢先の東山天皇崩御であった。東山天皇のとき再興された大嘗会が中御門天皇即位式後に実施されなかったのは、東山天皇崩御の一件が尾を引いたことは間違いない。

3　即位式確立後の天皇（一七三五〜六二年）

桜町天皇――幕府の援助で装束を新調

享保二〇（一七三五）年、桜町天皇受禅。三月二一日に譲位節会があった。上皇になった中御門院は三五歳、新帝の桜町天皇は一六歳である。

桜町天皇即位式はその年の秋の一一月三日に決まった。なるほど、一一月三日という日程は記念日になりやすいようである。八カ月の猶予の間にゆっくりと即位式行事が進められた。まず勅命により由奉幣使《よしのほうべいし》が発遣された。由奉幣使は即位・大嘗・元服を幕府や神社などに伝える使者のことで、今回も即位式の無事完遂を七社七寺に祈祷してもらうのである。次には即位式の装束を揃えることが待っていた。

精巧な刺繍が施された天皇の即位装束も例外ではなかった。即位式のたびごとに装束が新調されたわけではないことは明正天皇のところで述べた。保存状態の良い王冠や頭飾品、沓《くつ》類などは、官物《かんもつ》からそのまま拝借した。装束も補修はもちろんのこと、公家相互で借用し合うこともあった。宮中の装束御用達である山科家や高倉家からも借用した。この時代、いわゆるリサイクルやリユースは当たり前のことだった。

桜町天皇即位式では、それまでの即位式にくらべ格段の数の装束が新調された。というのも、徳川吉宗が即位式用装束の新調や修復のための援助金を増やしたからである。譲位受禅を賀し、吉宗や息子の家重からの多額の祝儀物が慶賀使（このときの慶賀使は井伊掃部頭直定、高家中條大和守信実、大納言家重織田淡路守）によって朝廷に届けられた。

『御湯殿上日記《おゆどののうえのにっき》』は、室町半ばから文政九（一八二六）年までの間、天皇の近侍の女官が代々、宮廷生活を記録した職掌日記である。この『御湯殿上日記』には、幕府からの金子や贈答品についても詳しく記されている。五年前の昭仁《てるひと》親王の立太子節会のときは、吉宗から太刀・馬代として、白銀三千両、家重から三百両、使者酒井雅楽頭《うたのかみ》から黄金十両が進上された[21]。今回は太刀、白銀三百枚、小袖三十、先帝中御門院には太刀銀二百枚、綿百把《わ》が届けられた。それによって、朝廷修復分のほか、数多くの装束を新調することができた。幕府からの贈答記事は、小槻盈春《おづきみつはる》（平安時代からつづく下級公家の当主）『盈春卿記』や万里小路稙房《までのこうじたねふさ》（平安時代からつづく下級公家）『稙房日記』にも記載があった。

夏に山科家に注文した即位装束が一〇月には出来上がってきた。玉冠が修復され、大袖、小袖、裳、襪《しとうず》（靴下に似た足袋）、沓も新たに誂えられた（天皇装束ほか、勤仕する公家の衣装については後述）。臣下の礼服も一四人分の大袖、小袖、裳、綬《じゅ》（大袖の上、腋から垂らす短い帯）が新調され、武官六人分の玉冠《ぎょっかん》、玉佩《ぎょくはい》、挂甲《かけよろい》（掛甲）が修復された。「古儀却失礼之至也」とあり、衣装の色も延喜式や中古以来の色をそのまま踏襲したわけではなく、新しい文様を加えたりもした。即位式の最中に雨が降ったときに備えて傘も購入した。さらに、即位式参列者の一人、大将代のかぶる武礼冠《ぶらいかん》と裲襠《りょうとう》も新調された。この武礼冠はいつの頃からか消失していたのだが、桜町天皇即位式を機に再興されたのだった。

天皇即位式に参仕する女官数は時代によって若干の増減がある。桜町天皇のときは一七人であった。内訳は、高御座の幕を開ける役の褰帳内侍《とばりちょうないし》（褰帳女王《とばりあげのじょうおう》ともいう）四人、大典内侍一人、神璽と宝剣を高御座横に祗候《しこう》（近くに侍る）役の剣内侍《けんないし》一人、璽内侍《じないし》一人（二人合わせて剣璽内侍《けんじないし》という）、威儀を正す（身なりを整えたり、居ずまいを正す）役の威儀命婦《いぎのみょうぶ》四人、高御座の前で翳《さしは》をかざす役の執翳女嬬《はとりのじょじゅ》（にょじゅとも）六人だった。翳とは長い柄の先に鷹の羽・薄絹などで作られた軍配の形をした団扇《うちわ》のことである。これら女官も幕府側からの祝儀増額のおかげで、唐衣・裳・表着が新調された。

このようにして装束の新調や修理は、八代将軍徳川吉宗や九代将軍家重（このときは大納言）からの潤沢な資金援助でまかなわれた。桜町天皇即位では、幕府側からの異論や不協和音もなく、順調に進められたのである。

ところで、最近までの古書市場に出まわっていた一枚物の天皇即位式図には、「桜町天皇即位図の写し」とことわってあるものが多かった。不思議におもっていたのだが、朝廷と幕府との蜜月的な状況も桜町天皇即位式図の枚数を増やすのに一役買ったことは間違いないようである。

桃園天皇――良好な朝幕関係

再興なった大嘗会は、中御門天皇のときは一時中断したが、桜町天皇で再度復活した。荷田在満の『大嘗会便蒙』公刊騒動のような軋轢こそあったものの、その後は順調に江戸末期まで続いた。大嘗会のような費用のかかる儀式がつづけられたのは、朝幕関係の均衡が保たれていたことが大きい。四代家綱・五代綱吉の治世にかち合った霊元天皇の頃と比較して、吉宗の治世と桜町天皇が重なる期間は公卿の江戸下向も増えており、朝廷側と徳川側の関係が良好だったことが裏付けられる。大名に義務づけられた即位祝儀についても同様である。即位祝儀は以前からみられたが、桜町天皇即位式からは石高に応じた金子が諸大名に振り分けられた。次代の桃園天皇即位式は九代将軍家重と重なる。同じように石高に応じた金子が強制された。

延享四（一七四七）年には桜町天皇が譲位し、かぞえ七歳の桃園天皇が即位。受禅、譲位節会、剣璽渡御は五月二日丑の刻（午前二時頃）に終了。天皇即位式は四カ月後の九月二一日と決められた。九代将軍家重は、天皇即位式を祝う役の慶賀使を派遣し、祝儀品を献上した。贈答品の送り先は長橋局《ながはしのつぼね》（勾当《こうとう》の内侍《ないし》とも。宮中の総務、庶務、経理などを担当）・大乳人《おおうねめ》・内侍、伝奏使たちである。譲位後桜町院が住まいする仙洞御所や中宮御殿の造営や、立后《りっこう》（桃園天皇の婚礼のこと）にも祝儀贈答があった。造営資金の拠出先はもちろん、幕府である。

桜町天皇は三一歳、桃園天皇は二二歳で崩御したが、父子は漢文や短歌に優れ、また朝儀の復興にも力を注いだ。この頃には、幕府側は権力者として余裕をもって対応し、朝廷の方は幕府の信頼と資金援助を得て、「禁中並公家諸法度」の枠組みの範囲内という限界はあるが、大嘗会再興後の、新嘗祭、奉幣使の充実など、徐々に朝儀を回復させていった時代でもあった。

後桜町天皇——江戸期二人目の女性天皇

江戸時代には、二人の女性天皇が誕生した。前述の明正天皇と一一七代後桜町天皇である。そもそも女帝の存在自体が珍しいのに、後桜町天皇は即位式のちょうど一年後の宝暦一四年一一月八日、大嘗会も経験した。明正天皇即位のときは、まだ大嘗会が再興されておらず、即位式だけだったから、後桜町天皇は大嘗会も経験した実に稀有な女帝である。

女帝成立の経緯は、宮中に仕える女官たちが書き綴った『御湯殿上日記』、武家伝奏だった廣橋兼胤の日次記『八槐記』、朝廷の行事の感想や批評、それに自身の本音を深い洞察力を交えて盛り込んだ野宮《ののみや》定晴（定和とも。権大納言、近衛権中将、参議などを務める。野宮家当主は代々日記を残す）の『定晴卿記』、のちに光格天皇の怒りにふれ職を辞し『続史愚抄』を著した柳原紀光《もとみつ》卿の『柳原紀光日記』、即位装束一式を担当した山科頼言《よりとき》の日記『頼言卿記』などが参考になる。また庶民の見聞録からもうかがえる。

宝暦一二（一七六二）年七月一二日、桃園天皇崩御。享年二二歳。桃園天皇の皇子英仁親王はかぞえ五歳だった。次期の皇位継承者は治定《じじょう》（決定）されていなかったから、「発喪アラセラレズ（まだ、喪は発しない）」と、崩御は伏された。異母腹で皇太姉の智子《としこ》内親王が次天皇を継承するようにと桃園天皇からの遺詔《いしょう》（天皇の遺言）が下された。このとき智子内親王春秋（年齢）二三歳だった。

後桜町天皇誕生に臨み、寛永年間の明正天皇受禅の経過と、後光明天皇崩御後、中継ぎとして後西天皇が皇位を継承した二例を先例に、英仁親王が一〇歳になるまでの中継ぎに智子内親王に皇位継承させるという案が採用された[22]。

一方、一〇代家治将軍治下の幕府側へは、七月に「この二一日　主上崩御の訃来る、音楽停廃五日（七月二一日　桃園天皇崩御の訃報が届く。歌舞音曲は五日間停止する）」と報告されている。忌明け後の一〇月一五日、酒井雅楽頭忠恭と高家畠山飛騨守義紀を慶賀使として早々に遣わした。諸大名に対しても、一一月一九日までに朝廷に贈答品を届けること、大名側にたとえ産穢があっても憚りなく贈答すること、贈答をしない場合、その旨を提出するよう指示した。朝廷への祝儀贈答が率先垂範されたのは桜町天皇以降からで、霊元天皇以前の緊張した朝幕関係とは大いに異なる対応であったことはすでに述べた。桜町天皇から後桜町天皇間は公武蜜月期だったからであろう。

宝暦一三年一一月二七日は、後桜町天皇の即位式当日である。六日前から強風が吹き、前夜からは雪が舞った。翌朝は一面の雪景色で、式の開始は予定より遅れた。そんな悪天候をもろともせず見物衆が詰めかけた。

後桜町天皇即位式には後日談がある。

白鳥が翼来し、南殿の屋根上で式の一部始終を見物していた。太陽の精にちがいない、祥瑞のきざしであると人々は噂した。白鳥の正体は「白からす」。白鴉は嘉祥《かしょう》のしるしと見なされたようである。これは『八槐記』『柳原紀光日記』『頼言卿記』『御湯殿日記』『後桜町天皇宸記』に総じて書き留められた。

大坂からやってきた岡國雄もこの話を自分の見聞記に書き加えた。女帝だから嘉祥をことさら強調したというわけでもなかろうが、天皇即位式という祝典への人々の興奮が弥増《いや》しされた瑞祥とみなされたのであろう。

後桜町天皇の在位期間は八年だった。後桜町天皇は柔和で控えめだが聡明な女性であった。書や御歌も残っているが、彼女の功績は退位して上皇になり、次代の後桃園天皇が崩御後、背後から、傍系だった光格天皇即位を推進したことであろう。そこには、近世前期の、才気煥発ではあるが幕府嫌いを声高に発して行動する天皇たちとは異なった、穏やかにことを運ぶ君子の度量を兼ねた女性の姿がある。

4　近世後期・幕末の天皇（一七七〇〜一八四七年）

後桃園天皇・光格天皇――傍系から選出

明和七（一七七〇）年一一月一三日に新嘗祭が執行され、その十日後の二四日、後桜町天皇が譲位し、二年前に元服を済ませていた後桃園天皇が受禅した。後桃園天皇の成長を見ながら、次年度の春には即位式、秋に大嘗会がおさまるように計画された。

剣璽渡御や剣璽渡御行列など、譲位・受禅関係のさまざまな儀式をおこなう三日間、僧尼や服喪者の参内禁止を町触で通達するのもいつも通りである。天皇即位と町触の関係については、第五章1節で述べる。翌明和八年の一一八代後桃園天皇即位式に先だっておこなわれた仙洞御所への何度かの移徙や御幸初《ごこうはじめ》も町触で伝えられた(23)。

後桃園天皇は二二歳で急逝。ふさわしい皇位継承者が見つからなかった。天皇傍系の閑院宮から兼仁《ともひと》親王が選出された。兼仁親王は後桃園天皇と養子縁組をし、践祚となった。諒闇を済ませた兼仁親王は、安永九（一七八〇）年、即位式をおこない一一九代光格天皇となる。元服前の総角《あげまき》、童服姿で天皇即位式に臨んだ光格天皇即位までの経緯は、後桃園天皇崩御後の諒闇の様子も含め、第三章3節で述べたい。大嘗会が七年後の天明七年の秋だったことはすでにふれた。

仁孝天皇――一八歳での誕生日祝

仁孝天皇（恵仁親王《あやひと》）は寛政一二（一八〇〇）年二月二一日誕生。とりあげたのは、油小路丸太町在住、産科医として名を馳せ京都医師番付にも載る賀川玄吾《かがわげんご》である。『産論』を著し、近代産科学の基礎を築いた賀川玄悦（字子玄《あざな》）は祖父にあたる。同じく医師番付に名を連ねる小児科医の豊岡玄純も、皇子たちを診察した。かれらは町医者だった。御所には産科博士もいることはいたが、女院の出産や疱瘡治療などは、侍医だけでは手に負えず、町医者も招聘したのであろう。

かぞえ一三歳になった文化八年の三月一五日、鉄漿つけ始の儀、翌日は結髪と加冠、一八日に眉《まゆ》払いの儀と元服の儀を段階を踏んでおこない（『寛宮御用雑記』）、文化一四（一八一七）年三月二二日に清涼殿で受禅。仁孝天皇となった。退位した父光格上皇が桜町殿（仙洞御所）に移徙行幸し、桜町殿で剣璽渡御の儀が執りおこなわれた(24)。受禅の一カ月前の二月二一日、恵仁親王は「御誕辰御祝儀」を受けた（『禁裏執次詰所日記』）。かぞえ一八歳の誕生日祝である。近世後期頃から子どもの誕生日を祝うようになったらしいことは、江戸城の奥右筆《おくゆうひつ》（文書記録係）だった屋代弘賢《やしろひろかた》が各地域の民間習俗や儀礼を調査した報告書『諸国風俗問状答』からうかがえる。宮廷内でも、誕生祝いを意識するようになったのだろうか。

かぞえ一八歳、一二〇代仁孝天皇の即位式は、文化一四年九月二一日である。在位三九年と長期間に在位し、譲位してからも二三年間院政を敷いた父の光格上皇は、仁孝天皇の元服式や即位式の習礼にも同伴している。仁孝天皇は光格上皇の命を受け、朝儀復興に力を注ぐ一方、皇室や公家の子弟の教育機関の設立を企画した。幕府に了承されて、それが学習院の前身の「学習所」となった（弘化四年三月九日開筵『孝明天皇実録』）。

孝明天皇――展観に殺致

一二一代孝明天皇（統仁《おさひと》親王）の即位式は、弘化四（一八四七）年九月二三日だった。即位式までの経緯は、仁孝天皇崩御が先年の二月六日に発表され（崩御は一月二六日）、取り急ぎ二月一三日、践祚の儀がすすめられ、一七歳の統仁親王は孝明天皇となった。五カ月の服喪期間を経て、天皇即位式が挙行されたことになる(25)。

『柳原隆光日記』（隆光の祖父は柳原紀光、本章3節の「後桜町天皇」参照）は、紫宸殿、庭上は見物人で溢れ、南廊、北廂《ひさし》にも見物する人々がひしめきあっていたこと、見物した庶民は浮かれ気分であったこと、庭上の見物人席からでは即位式ははっきり見えなかったこと、それまで毎回必ず出席していた所司代の酒井若狭守が不参だったことなどが書き込まれている。遷幸行列など天皇即位関係のすべての行事には所司代の与力たちが必ず警固の指揮を執っていた。理由は不明だが、所司代の今回の欠席は珍事だと映ったのであろう。

以上、近世の天皇即位式を幕府側の対応もふくめ、即位式へいたるまでのおおよその様相を書き留めた。次章からは天皇即位式の図像や装束といった専門的な内容へ進み、さらに庶民が天皇即位式をどのように見物したのか、その実況へと話を進めたい。

第三章　即位式の式次第〈其の壱〉
——当日進行と式準備——

1　天皇即位式図

即位式図さまざま

現代とはあまりにも隔絶した様式でおこなわれた近世の天皇即位式を理解するのは簡単ではない。そのため、当時の即位式図を参考にして即位式の様子を眺めるのも、ひとつの理解の方法であろう。天皇即位式の絵図は屛風図のような大きなものから、一枚物の刷りものになったものまでいろいろ残っている。調べられる範囲での絵図を参考に形状や中身を見ていきたい。

まず寛永七年秋に挙行された明正天皇即位式の絵図から。蓬左文庫、東大史料編纂所、それに宮内庁三の丸尚蔵館などに収蔵されている。

蓬左文庫所蔵『寛永御即位記略』は儒学者堀正意が著者である。即位式の絵図二枚が挟み込まれていたが、画の作者も堀正意となっている。一枚目の図は明正天皇の姿と即位式参仕の公家たちを描く（口絵一頁）。サイズは縦九五センチ、横七〇センチ。即位式実施にあたって、陰陽師（陰陽を扱い天文・暦学をつかさどる専門家）土御門《つちみかど》泰重《やすしげ》は、「明日見物衆数多有之也」[1]と、翌日の即位式には多くの見物衆が来場すると予想した。しかし『寛永御即位記略』の図には、見物人の姿は全く見当たらない。

　ところでこの明正天皇即位式図の大きな特徴は、なんといっても中央上部に、明正天皇の姿が描かれていることである。というのも、絵画に宸儀（天皇の姿）が描かれることはまずありえないからである。全身をあらわさず、御簾から衣装の裾を少しだけのぞかせて、天皇が同席しているかのように換喩的に描くのが、常套の手法である。宸顔が描かれるだけでも稀なのに、蓬左文庫の即位図では女性の天皇の姿が描かれているのだから、天皇即位図のなかでは、なおのこと珍しい。

　この蓬左文庫の明正天皇即位図では、束帯姿の公卿は別として、宣命使《せんみょうし》[2]・内弁《ないべん》[3]（図3－1）・外《げ》弁《べん》[4]・典儀《てんぎ》[5]・親王代《しんのうだい》[6]・擬侍従《ぎじじゅう》[7]・少納言代《しょうなごんだい》は、唐風装束で描かれる。低位の公家が担当する賛者《さんじゃ》（図3－2）・図書《ずしょ》・主殿《とのも》たちも同じように唐服風の装束である。三者とも三山冠《さんざんかん》（三山が並ぶ形の冠）を被るのが正式だが、被っているのは賛者だけである。中央の図書と主殿四人は冠なしで、髪を束ね長く垂らしている。たしかにわが国の天皇即位式では、参仕者は唐風の装束で登場するが、『寛永御即位記略』で示される人物図はどこかちぐはぐで正確さに欠ける（勤仕する文官や武官の装束は第四章3節で示す）。

それに『寛永御即位記略』では、明正天皇は赤い装束姿である。後述するが、実は女帝は赤い装束を着用しない。堀正意が実際に見物して描いたかどうかは、疑わしい。

蓬左文庫のもう一枚の絵図「庭上調度図」（図3-3）は、スポーツ選手の配置図のように、各自持ち場の位置（版または版位）や、紫宸殿前の南庭に設置された万歳旗や幢《ばん》などの威儀物、高御座など調度品、供物用などの道具類を抽象的に標《しる》した図である。これらの道具類は、別紙に描かれ、本紙に糊づけされている。絵図を開くと、この切紙が自然に起き上がり旗・幢類が立体的に並んで見えるような工夫がなされている。この図絵には、見物人も参仕する公家たちの姿も描き込まれていない。[8]

このように見ると、天皇即位式図は、A 人物を描くもの（人物図）と、B 調度品のみ描き、人物を描かない庭上調度図、の二つの型が基本型である。

図3-1　玉佩を下げた内弁（『御即位諸幢鉾并御調度并丈尺寸法 公卿以下礼服形容』より）

図3-2　賛者（上図に同じ）

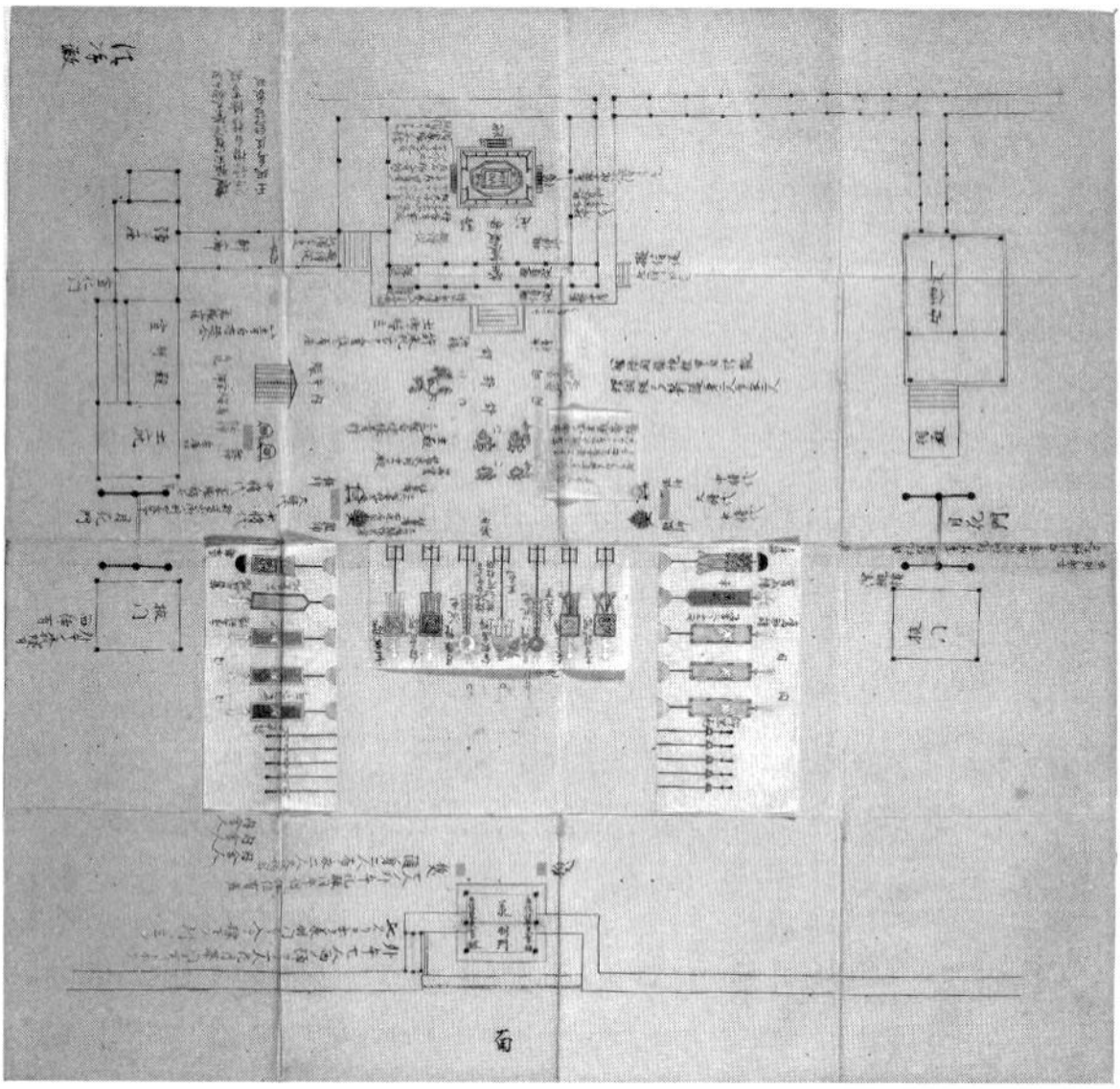

図３－３　「庭上調度図」（蓬左文庫蔵）

そして人物を含むAは、

①宸顔は見られず見物人もいない。勤仕する公家のみ描く（筆者蔵「桜町天皇即位式図の写し」図３－４）。

②宸顔と勤仕する公家を描く（蓬左文庫蔵『寛永御即位記略』堀正意画、口絵一頁）。

③宸顔は見られないが、勤仕する公家と見物人を描く（宮内庁蔵「御即位行幸図屏風」口絵二～五頁）。

④宸顔も見ることができ、勤仕する公家と見物人も描く（筆者蔵「御即位式」図序－１）。

といった四つの型に分けられる。

これら四つの即位図Aに共通するのは、即位式に勤仕する公家が一堂に会した場

図3－4　桜町天皇即位式図の写し

面を描くことである。また、宸顔を含む②と④の即位図はあまり描かれない。即位式を見物する人々を描き込む③④の即位図も珍しい。この四種類の絵図のうち、即位式があるたびに市中に流布したのは、Bの庭上調度図（図3－3）か、Aの①の写し（図3－4）であった。つまり天皇即位式を見物する人々を加えない図である。

天皇即位式次第

即位式次第の全体を見回せるのが、天皇即位式図であった。しかし前述した基本型のうち、調度品だけで人物を描かない庭上調度図Bからは、天皇即位式の進行状況はわからない。一方、人物画を描く絵図からは、式進行の様子が明らかであるし、そのなかでも最もわかりやすいのが、宮内庁所蔵、明正天皇「御即位行幸図屛風」である。六曲一双、縦一六二・八センチ、横二四九・六センチの大きさである。紙本金地着色で、左隻（口絵四、五頁）には即位行幸行列とそれを見物する人々、右隻（口絵二、三頁）には禁裏内で即位式に参仕する公家たちに加えて女房や庶民などの即位を見物する人々を描く[9]。これは米国カンザスシティー、ネルソン美術館所蔵の後水尾天皇「御即位行幸図屏風[10]」と酷似した構図である。宮内庁所蔵の明正天皇即位図は、ネルソン美術館所蔵のものを見本にして描かれたようだ。絵師は不明だが、同じ絵師かその一派かもしれない。

制作時期は一七世紀後半らしい[11]。狩野探幽の登場以降に流行した江戸狩野派風の瀟洒な画法で、寛永期の盛儀の模様を再現しており、数ある即位式図のなかでは際だって優れたものである。その理由は即位式全体の流れと雰囲気をわかりやすく見せていること、とりわけ即位式を見物する大勢の庶民を描き込んでいることである。

明正天皇が即位した寛永七年頃は、庶民の動静を知る手がかりになる町触の記録が残っていない。公家日記などから即位式の状況を知る程度であるから、「御即位行幸図屏風」は、庶民の即位式見物を視覚的にうかがえる重要な資料でもある。

参勤する公家たちは一様に同じような格好で、おしなべてのっぺりとした顔つきで描かれる。一方、見物する庶民は老若男女取り混ぜ、活気に満ちた表情である。近世前期の庶民風俗を観察するうえでも重要な明正天皇即位図屏風を参照しながら、式の様子を詳しく見ていこう。

即位式は晩秋旧暦九月一二日である。爽やかな小春日和だった。庶民の見物席は禁裏内の南庭内で、紫宸殿からは少し離れている。具体的には、「左近の桜」付近と日華門を挟んだ場所、承明門《じょうめいもん》（明正天皇即位式当時は、承明門は焼失。その時は南門）を挟んだ築地塀の辺り、それに月華門付近である。

紫宸殿の前、向かって右側、「左近の桜」の近くに鼓師《つづみし》が一人、「右近の橘」近くに鉦師《かねし》一人が座る。時代によって人数の増減が生じ、また鼓師と鉦師が二人ならんで座ることもある。式の進行を鼓や鉦を打って知らせる。その連絡役が兵庫頭（兵庫寮）である（傍線は音の合図）。

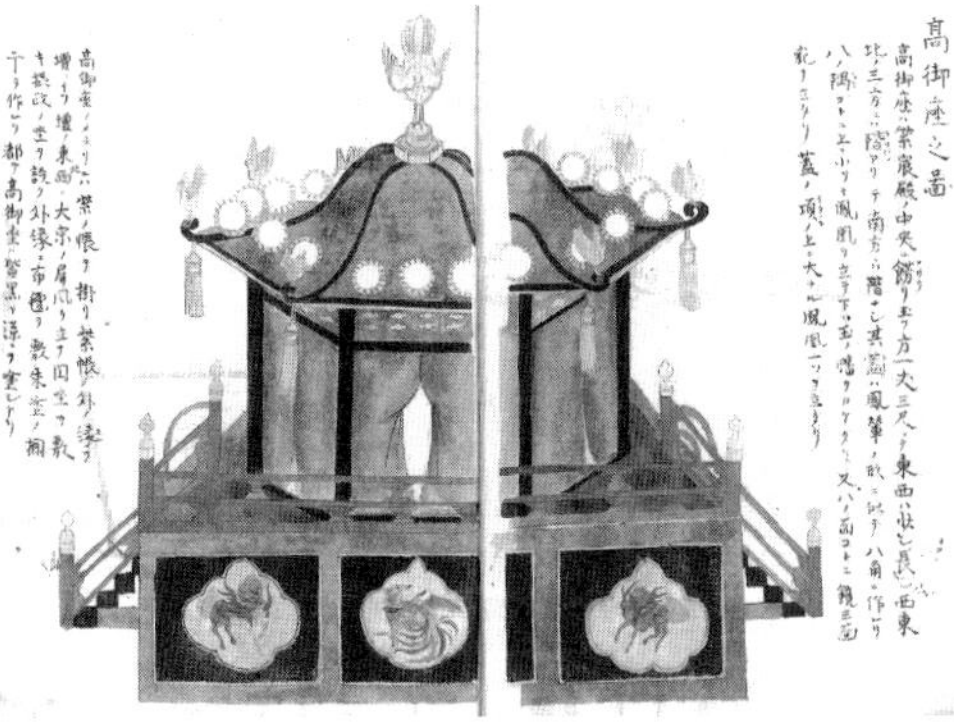

図3-5　高御座（『御即位庭上幢鉾調度図』より）

まず鼓師に太鼓を九遍打たせる。この音に応じて日華門、月華門の隣に並ぶ東西の各掖門《えきもん》（正門の傍らにある小門）が開かれ、つづいて参列する公家が入場する承明門（南門）が開かれる。すなわち、太鼓の音で即位式開始と公家たちの参列と入門が告げられる。摂政（関白）、近衛代・中・小将、内弁、外弁、典儀、親王代、擬侍従、少納言代、図書・主殿が各自の版のところに立つ。天皇は清涼殿から軒《こん》廊《ろう》をわたって紫宸殿に入る。天子の足は地面に直接触れない。赤い絨毯を引いた莚道《えんどう》上を歩いて紫宸殿中心の高御座《たかみくら》（図3―5）に着御する。高御座とは頂上に鳳凰の飾りをつけた八角形の黒漆製の屋形状の席で、即位式の間、天皇が鎮座する場所である。高御座付近には、俗に言う十二単を着た女官たちが傅《かしず》いている。十二単衣とは五衣《いつぎぬ》を着、その上から唐衣《からぎぬ》を羽織った姿である。彼女たちの内訳は、威儀命婦《いぎのみょうぶ》、剣璽内侍《けんじないし》（剣内侍・璽内侍）、褰帳内侍《とばりちょうないし》、執翳女嬬《はとりのじょじゅ》である（女官の職掌は五五頁参照）。

兵庫頭が、「御帳を褰《あ》げる合図に鉦を打つように」という内弁からの伝言を、鉦師に伝える。鉦が打たれると、褰帳内侍二人が東と西から高御座の北の階《きざはし》に立ち、高御座の帳を褰げる。

つづいて左右から執翳女嬬が高御座の前に進み、執翳を立てて覆う。執翳女嬬が宸顔に翳《かざ》していた翳《さしは》を下げると、宸顔が現れる。このときが、天皇即位式の最も盛り上がった瞬間である。高御座の後方では、先ほどの褰帳内侍や、威儀命婦、剣璽内侍たちが各自の檜扇を広げ顔を隠す[12]。

また鉦が打たれる。それを合図に、参列していた百官全員が面伏《おもふせ》し腰を屈める。深くお辞儀をすることで、これを磬折《けいせつ》という。承明門前の伴氏と佐伯氏（ともに神武天皇時代宮門を守ったとされる子孫）は蹲踞《そんきょ》する。蹲踞は相撲や剣道のはじめに双方が挨拶する姿勢で、つま先立ちで深く腰を下ろし、膝を開いて上体を正す。伴と佐伯の場合の蹲踞は、胡座《あぐら》（胡床《こしょう》ともいう。折りたたみ式腰掛）に座ったままで軽く頭を下げる。兀子《ごっし》（四角形の腰掛）や床子《しょうじ》（長方形になった腰掛）に座る武官や地面に座っている官人たちも同じように頭を垂れる。そのときの体勢によって、「面伏」や「磬折」、

「蹲踞」となるが、そのどれも頭を垂れてお辞儀をする動作のことである。

直立している武官は、その場で足踏みし左右の袖を互いに翻しながらやはり頭を垂れる。これは舞踊という。また近衛は万歳幢を振って「バンゼイ」と歓呼する。

白銅製で、直径およそ六〇センチの火炉《かろ》（香炉のこと）二つが黒漆の台に置いてある。生火《いけび》の官人である主殿がこの火炉（香炉）に進み火を点ける。図書《ずしょ》がそこに香を燻べる。主殿と図書は下級の官人で、火炉は告別式の焼香を大仕掛けにしたようなもので、典儀《てんぎ》が「再拝！」と称え、群臣は二度敬礼する。また宣命使は宣命を読む。

このクライマックスが過ぎれば、式は終盤である。今度は太鼓を五度打つ。とそれに呼応して諸門が開く。鉦を三つ打つ。外弁や武官が退出し、佐伯と伴が門を閉め、最後に鉦が五つ打たれる（鼓と鉦の数が異なるときもある）。

このように、鼓や鉦の音は式の進行を知らせる重要な役目を担っていた。だから式の最中、寺院や町の鐘・鉦・銅鑼を打ってはいけない（この理由については第五章2節で説明）。

図書が天に向かって香を焚くのは、『明正院寛永御即位記』では「図書立テ香合ヲ開テ三度焼、其烟天ニノボルハ位ニツカセ給フ事天ニ告ル焼香ナリ、漢帝即位ノ壇ニテ柴ヲ焼テ天ヲ祭レルモ此心ナルベシ(13)」ということである。中国の故事に倣えば、焼香は天上に在《ま》します天皇家祖先へ、新しい天皇の誕生を知らせる狼煙の役目を担っている。桜井秀も三回煙が高く上がるように焼香するのは、「大礼を天に申すの意なり」と解説する（『即位大嘗典礼史要』）。紫煙は天皇即位式が無事終了したことを、天空の祖先に伝える重要な信号と見なされた。これも第五章2節でふれるが、即位式の最中、庶民生活に関係する竈《かまど》の火や火葬が禁止されたのも、その煙と紛らわしかったからである。天皇即位式で取り仕切られる聖なる火や煙と、日常生活で使われる俗なるそれらとを、混同したくなかったからだと考えられる。

宸顔が現れた途端、その場に居合わせた公家や女官たちが一斉に頭を垂れて拝顔する場面が、天皇即位式のクライマックスである。だが絵図では、宣命使が文面を読み、参列する公家たちも各自に与えられた任務を遂行する様子が写されている。これは、公達や女官たちの各自の職能と宸顔の現れる瞬間を同時に捉える、いわゆる異時同図法で描かれているためである。即位式のハイライトだけを取り出して絵図にしたと考えるとわかりやすい。

このような即位式の見せ場を描いた図像、たとえば「桜町天皇即位式図」の写しが市中に出まわった。庶民はこのような絵図を頼りに天皇の即位式次第の概要を知ったのである。

2　宮中の服喪慣行

調整可能な服喪期間

わが国では人が亡くなると七日毎に法要を営む宗教慣習がある。それを七回繰り返すと七七日《しちしちにち・なななぬか》、つまり四十九日で、この日に喪が明ける。これを忌明《きあけ》とか満中陰《まんちゅういん》という。江戸時代、喪主は忌中の間、月代《さかやき》を剃らず家に籠もって喪に服す。忌明とともに髪を結い直し親類縁者に挨拶にまわり、追善法要を営んだ。

ただ四十九日を計算通りに実施すると、不都合が生じる場合もある。たとえば月の後半に亡くなった場合、忌中期間の四十九日が三カ月にわたるが、それは忌み嫌われる。二カ月以内で済まそうと、七日を五回分で繰り上げる。すなわち五七日《いつなのか》（五日×七回）の三十五日で忌明にする。これは現代でもよくあることである。驚かされるのは三十五日分を、四十九日分と見なした計算をすることである。

宝永六（一七〇九）年一二月一八日崩御した東山天皇も、日程調整をおこなった。翌七年一月一〇日に葬送、一月一二日を初七日《しょなぬか》ときめ、七日毎の法要を二日から三日ごとに短縮した。二七日《ふたなぬか》目が一月一三日なのに、一四日後の二六日が七七日《なななぬか》にして、天皇家の菩提所である般舟三昧院《はんじゅざんまいいん》と泉涌《せんにゅ》寺《うじ》で忌明の法要を営んだのである。

こうすると、崩御した一二月一八日から翌月の一月中の二カ月間内で、四十九日の法事行事を消化できた計算である。杓子定規に、法事を七日ごとに七回、つまり七七日（四十九日）おこなえば、崩御日から数えると二月まで延び、三カ月にまたがってしまう。そこで葬送日から数えて七日ごとの法要を、二日から三日に短縮して七七日（四十九日）と見なし、二カ月以内で終了させるという芸当をやってのけたわけである。

宮廷では、日々膨大な儀式が目白押しである。遠忌法要と神事とが重なるときは法要の日程を早めたりする操作は日常茶飯事であったようだ。(14) 安永九（一七八〇）年、後桃園天皇の聖忌日も神事が重なったので、法事を繰り上げたことがあった。(15)

京都ではこうしたことは宮中だけに限らない。京都市中京区衣棚通竹屋町で婦人薬仙積散を商っていた岡田伝次郎の例を紹介しておこう。伝次郎は、母の満中陰が普通に計算すると三カ月にまたがるが、どうしても四十九日の法要をしたいので、二カ月以内で四十九日の日程を組んだと、自家の不祝儀文書にわざわざ書き留めている。(16) 岡田伝次郎は御所の名誉職のひとつ、車副役《くるまぞい》（牛車の横にいて供奉をする役）を兼ね、帯刀も許された商人だった。京都では彼のように、御所の役割を無報酬で担う町衆が少なからず存在した。かれらは禁裏内の諸事にも精通しており、公家の服喪慣行を参考にしたと推察される。

倚廬に籠もる

先帝崩御後、皇位継承者は倚廬《いろ》に籠もって喪に服す。諒闇である。倚廬とは服喪期間に籠もる仮屋のことである。のちには建物だけではなく、喪服（素服）の白の意味も表すようになった[17]。

井原西鶴の『日本永代蔵』巻五にも、葬式を出すのに、「世間にせぬ事ならではと、葬礼のかし色、ゐぼし・白小袖・紋なしの袴」を借りる話が出てくる。この「かし色」に、貸色屋《いろや》、色屋《いろや》の字をあてはめたり、喪服を貸す貸衣装屋の意味にも併用された。喪に服するための家（イロ）が、白色や鈍色《にびいろ》（薄墨色）の喪服や、その喪服を貸す貸衣装屋をも指すようになった。

倚廬に籠もる際は、麻布の錫紵《しゃくじょ》（凶服）を着用しなくてはならない。錫紵は浅黒色の狩衣か腋のあいた装束で、喪主になった新天皇はこれを着用し、月輪陵《つきのわのみささぎ》（天皇専用墳墓、現在の京都市東山区泉涌寺内）を遥拝する。

慶仁親王（中御門天皇）は、喪が明ける二日前に「錫紵ヲ脱御、倚廬ヨリ還御アラセラル、是日、除服宣下」した。つまり忌明の前に倚廬から還御《かんぎょ》（帰る、戻る）し、諒闇期間着用していた錫紵を脱いだ（『禁裏番衆日記』）。これを除服宣下といい、服喪が済んだことを示す。

たとえ元服前の皇位継承者であっても、服喪（服忌《ぶっき》）に従った。安永八（一七七九）年に即位（即位式は翌年）した光格天皇も、先帝の後桃園天皇崩御後、元服前のかぞえ一〇歳で凶服を着て倚廬に籠もった。嘉承二（一一〇七）年、堀河天皇崩御のとき、服喪者の鳥羽天皇はまだ五歳だったために錫紵《ちゃく》を着さず喪に服したという先例があるが、たとえ元服前であっても、皇位継承者は必ず錫紵を着て喪に服すよう決められた。

3　即位と元服の関係

産育儀礼の流れ

天皇は「天皇になるべくしてなる」のが規式《きしき》（作法）である。そこで皇位継承者と目される親王は、出生からの通過儀礼、特に元服までの儀礼が詳しく書き留められている。

出産直後の祝儀儀礼は産養《うぶやしな》いという。成人までの生存が現在ほど当たり前でなかった時代、子どものすこやかな成長を願う産育儀礼は大切に保たれてきた。なお産育儀礼のほとんどは平安時代に完成された。その上、宮廷儀礼を重要視する公家社会では、子どもの成長の節目ごとの儀礼も行事のなかに多く組み込まれたのである。とりわけ、天皇への道を歩むべく大事に養育された親王ほど、その記録が正確に残されたことは、中御門天皇（四八頁）のところでもふれた。

このような通過儀礼のいくつかが武家社会で受容され、徐々に庶民階層の民間習俗のなかに広がり溶けこんでいった。現在の私たちが身近に遭遇する産育儀礼もほとんどがこうして踏襲されたものである。

図3－6　袴着（『進物便覧』より）

霊元天皇（識仁親王）の産育習俗は、『系譜』『忠利《ただとし》宿禰《すくね》記《き》』（清涼殿に昇殿を許されない地下《じげ》官人《かんじん》、壬生《みぶ》忠利《ただとし》の日記）、『後浄明珠院殿記抄出』（寛永年間摂政になった二条康道の日記）などから、詳しく追うことができる。

承応三（一六五四）年五月二五日誕生、かぞえ五歳になった明暦四（一六五八）年一月には識仁と宣下され、一一月に深曾木《ふかそぎ》の儀を済ませた。寛文二（一六六二）年の一一月一二日には紐直しの儀、同月二八日鉄漿《かね》つけ始の儀、十二月一一日仙洞御所にて元服の儀がおこなわれた。鉄漿つけ→理髪→加冠まで完了すれば元服を済ませたことになり、公的には大人と見なされる。

一般的には、元服までに、三歳髪置《かみおき》、五歳袴着《はかまぎ》、深曾木の儀、七歳紐直し（紐落し）の通過儀礼を終える。成長して治世者になるようにと、袴を着て世界に見立てた碁盤の上から飛び降りるのが袴着（着袴《ちゃっこ》の儀）である（図3－6）。深曾木は髪を切り揃える儀式で、着物の後ろ身頃に縫いつけていた紐をはずして帯を結ぶのが紐直しである。帯解けとも言い、子ども服から大人の衣装へ着替えを意味する。すべて成長を祝う儀式である。識仁親王は九歳で紐直し後、元服の儀の第一段階である鉄漿つけへと進んだ。鉄漿つけはお歯黒ともいうが、鉄片を酢に浸して酸化させ、その錆びた褐色の液体に五倍子《ふし》の粉（ヌルデの若芽、黒色染料の原料）を浸したものを歯に塗ることである。

悪臭もする鉄汁で歯を黒く染める慣行がいつから始まったのか明らかではない。呪術的な意味合いもあったらしい。公家社会では日常的慣行だったようで、平安時代末期には公卿などの男性もおこなっていた。大晦日の暇な時間を見つけ、歯黒つけをしたことを紫式部が日記に記している。江戸時代には、あらゆる階層の成人女性のしるしとして日常生活に溶けこんでいた。

識仁親王も、この鉄漿つけを済ませ髪を結びあげ冠を被って、元服の儀式を済ませた。

元服の一カ月後、寛文三（一六六三）年正月二一日に、識仁親王は新造なった土御門内裏に渡った。二六日、後西天皇譲位、識仁親王受禅。同日午の刻（午前零時頃）、剣璽渡御式、剣璽渡御行列とつづき、かぞえ一〇歳の霊元天皇が誕生したのである。

生前譲位が当たり前だった近世以前では、政略的事情もあり、幼帝樹立はそれほど異常なことではなかった。明正天皇、後光明天皇、霊元天皇らの即位年齢はいずれもかぞえ八歳から一〇歳ぐらいまでに元服を済ませ、即位に臨んだことは何度も述べた。

ところで、重要なのはたとえ実際の年齢が幼くても、元服してしまえば大人だということである。元服を終え成人男性になったことが、皇位継承の必須条件だったからである。

平安時代、安徳天皇が外戚で祖父にあたる平清盛の意思により、かぞえ二歳で元服し、三歳（満一歳三カ月）で受禅した。膝に抱かれて理髪をしたが、安徳天皇はたいそうむずかったらしい。歯が生え揃っていないから、鉄漿つけは定かでない。髪もまばらな乳児では、加冠は容易ではなかったろう。これは極端な例だが、乳児であったとしても元服式を済ませば成人男性の扱いを受ける。かぞえ三歳でも即位する権利を有したのである。

元服から即位式へ

即位は元服を迎えてからというのが自然なプロセスである。践祚よりも、譲位→受禅というのもごく正常な皇位継承の方法だった。

先ほどの安徳天皇の元服例や霊元天皇と同様、「元服→即位式」の定型として、桃園天皇の例がある。

延享四（一七四七）年三月一五日、かぞえ七歳で元服式を迎えた。

「小御所にて、元服の儀を執りおこなった。元服には父の桜町天皇が同席し、太政大臣の一条兼《かね》香《よし》が加冠をした[18]」とある。『八槐記』（幕府伝奏役、公卿、廣橋兼胤の日記）には「七歳の元服は稀な例[19]」とある。やはりかぞえ七歳での元服は、尋常とはおもわれていなかった。それでも鉄漿をつけ、理髪・加冠すれば、立派な成人男性なのだ。元服した翌日には、立坊の節会（立太子の儀）があったし、五月二日には、譲位と受禅だった。九月二一日には天皇即位式に臨んでいるから、父親の桜町天皇は息子の元服から即位式までを、半年以内と急がせたことが知れる。

桃園天皇は、三月一五日にはまだ〈子ども〉で、公家の日常着である直衣《のうし》姿（図3－7）だったが、翌日には〈おとな〉と見なされ、天皇だけが着用できる縫腋袍《ほうえきほう》の束帯（図3－8）に着替えた。

朝廷の儀式には、厳格な服制（ドレスコード）がある。身につけるもの全てが、儀式の格式や身分などに応じて、細かく序列化された。それはたとえば、本書で何度も取り上げる明正天皇「御即位行幸図屏風」に登場する人物の服装を見ても明らかであろう。儀式に勤仕する公家は束帯姿、見物する公家は直衣、狩衣という明らかな識別がみられた（口絵二一～五頁参照）。

天皇になれば、染色が難しいとされる櫨《はぜ》と蘇芳《すおう》で明黄色に染め、文様は桐・竹・鳳凰、裏地は二

図3－7　直衣（『故実叢書　装束着用図』より）

図3－8　束帯（上図に同じ）

藍（赤紫色）の束帯を着る。これを黄櫨染《こうろぜん》の袍という。七歳でも大人である桃園天皇は、即位式直前まで黄櫨染の袍を着用し、即位式では、桜町天皇のとき新調した男帝の装束（第四章2節の「きらびやかな天皇の装束」参照）に着替えた。「幼主依御風邪摂政公奉抱高御座着御云々（幼帝であり風邪もひかれていたので、摂政に抱きかかえられて高御座に着かれた）」[20]のであった。

霊元天皇、桃園天皇の例からも知れるように、鉄漿つけや加冠、眉掃きという元服の段階を踏んでこそ、譲位・受禅から即位式という次の段階に転換できる。天皇にとって元服こそが成人男性として認知される重要な指標だったことがよくわかる。

即位式から元服へ

それでは、先帝が崩御し、皇位継承者がまだ元服していない場合はどうか。

天皇が存在しない空白期間は絶対に避けなければならない。できるだけ早く新天皇の存在を公表しなければならない。もっと重要なこと、それは亡き先帝の服喪に準ずることである。そんな非常時には、皇位継承者の元服式を延期して天皇即位式を執りおこなう緊急措置がとられた。

近世初期から徳川時代の天皇の即位式と大嘗会の実施年月日、即位式時の年齢を表（三〇頁）にしたが、それをみれば、受禅か践祚か、践祚の場合、元服前かどうかがわかる。

先帝が崩御し、践祚したのは、後西天皇、中御門天皇、後桜町天皇、光格天皇、孝明天皇の五例である。後光明天皇崩御のとき、後西天皇はかぞえ二〇歳で、すでに成人であった。後桜町天皇はこのとき二三歳で明らかに成人である。かぞえ一七歳で即位した孝明天皇（第二章4節参照）では、一四歳になった天保一五（一八四四）年三月に、鉄漿つけ始→結髪→加冠の順序でおこなう元服式をこなしている。二年後の弘化三年二月六日、仁孝天皇崩御発表後、践祚という順序だった。この三人は即位する前に元服式を済ませていたので問題はない。

問題になるのは慶仁《やすひと》親王（中御門天皇）と兼仁《ともひと》親王（光格天皇）である。とりわけ慶仁親王は事態が深刻だった。譲位・受禅が済み、まして元服式の予行演習まで済ませたのに、父の東山上皇が突然崩御したからである。元服式を中止とし、天皇即位式を先行させる事態となった。

宝永七年一一月一一日にまず即位式が挙行され、その二カ月後の宝永八年正月一日、紫宸殿で元服式をおこなった。儀礼の順序は譲位・受禅→先帝崩御→諒闇→天皇即位式→元服である。

少し違うが、中御門天皇と類似するのが、一一九代光格天皇（兼仁親王）である。

後桃園天皇の崩御後、践祚という順番であるが、天皇空位期間は避けねばならない。光格天皇は閑院宮家出身で天皇筋からは傍系であったため、まず後桃園天皇と養子縁組をしてから、天皇崩御を公表した。光格天皇即位までの日程は次のようになる（［　］は町触の告知）。

安永八年　一〇月二八日　後桃園崩御（公表されず）

一一月八日　後桃園天皇の養子となる
一一月九日　禁裏崩御ニ付、鳴物普請停止
「上下京魚店商売、今日より日数三日之間停止」
一一月九日　剣璽移動
一一月二五日　践祚、諱名兼仁(21)と改称、剣璽渡御
一二月一二日　倚盧《いろ》渡御（一年間諒闇《りょうあん》）
安永九年　一一月一一日　忌明《きあけ》
一二月四日　即位の礼（かぞえ一〇歳）
安永一〇年　正月一日　元服の儀式（かぞえ一一歳）

光格天皇は一年間の服喪（諒闇）を終え、天皇即位式を済ませてから、元服の儀式を執りおこなった。先帝崩御→養子縁組→践祚・剣璽渡御→諒闇→天皇即位式→元服という経路を採った。中御門天皇と光格天皇の二人は、元服前に即位式を挙行した特異な事例だろう。それに二人とも元旦に元服式をおこなっている。元旦に元服式をおこなうはっきりとした理由はわからない。

4　二人目の女性天皇誕生

喪主、智子内親王（後桜町天皇）

服喪に関していえば、皇位継承者が女性であっても、男帝が喪主の場合と基本的にはそう変わらない。宝暦一二（一七六二）年七月一二日に、桃園天皇が二二歳で崩御して十日後の二一日、崩御が公表され、智子内親王は諒闇《りょうあん》にはいった。

二七日戌の刻（午後八時頃）、禁裏小御所での践祚の儀に臨み、智子内親王は御衣（天皇のお召し物のこと。読み方はみぞ、みけし、ぎょい、おんぞなど）と紅袴を着用した。官庫から百有余年前の明正天皇着用の袴を取り出して着用した。宝永五年の京の大火事で明正天皇の装束はほとんど焼失したが、これだけは残っていた。表袴《うえのはかま》は、原則として片足分で反物二幅分（一幅は三六センチ）、大きめに裁断・縫製する。紐で調節できるから、幼女の明正天皇の袴でも、十分代用できたのだろう。

七月二九日、諱《いみな》を登之子《としこ》と訓ず。

崩御から一カ月余りの八月二二日酉の刻（午後六時頃）に、先帝葬送。二五日夕刻から、登之子内親王は喪に服すため錫紵《しゃくじょ》を着、九月八日まで倚盧《いろ》に籠もった。

倚盧へは、素服姿の公卿数名のほかに、紙燭《しそく》をもった女蔵人《にょくろうど》（宮中の下位の女官、雑用係）と剣璽を携えた大典侍司と長橋局《ながはしのつぼね》（勾当内侍《こうとうのないし》）が随った（大典と長橋局はともに宮中の事務処理全般を扱う職）。二人は女官のなかでは最高位である。「采女両人つとめ候はづながら、壱人さしつかえ壱人にてつとめ候」とあり、女蔵人二人のうち一人が月のさわりで欠席したと『御湯殿上日記』は伝える。安永八年、兼仁《ともひと》親王（光格天皇）が倚廬に籠もるときも、紙燭を運ぶ女官や内侍・掌侍《ないしのじょう》が同伴したが、勾当内侍や大内侍司は侍っていない。智子内親王の場合は、女性という特別な事情も汲んでのことだろう。

東山院や後桃園院では、忌中期間が三カ月にわたるのを忌み、日程を短縮した話を紹介した。桃園天皇の法要では、崩御（七月一二日）、公式発表（七月二一日）、葬送（八月二二日）、初七日《しょなのか》（八月二六日）、二七日《ふたなのか》（八月二八日）、三七日《みなぬか》（九月朔日）、四七日《よなぬか》（九月三日）、五七日《さんじゅうごにち》（九月五日）、六七日《むなぬか》（九月九日）、七七日《しじゅうくにち》（九月一二日）という日程だった。七日ごとの法要を二日から四日ごとに短縮して計算しても三カ月にまたがるうえに、第一、公式発表から葬送までの期間が長すぎる。今までに見られなかった計算の仕方である。

古代の天皇の葬送儀礼では、遺体を長期にわたって仮安置する殯《もがり》という習俗があった(22)。桃園天皇の遺体も、葬送までの約一カ月以上、殯の状態に置かれたことになる。忌中期間を長くして二二歳という若さで崩御した先帝を慰撫しようとしたのだろうか。

六七日の前日の九月八日、登之子内親王は倚盧から出でて錫紵を脱ぎ、除服した。宝暦一二年の新嘗祭は祈祷のみにとどめられ、祭としての式はなかった。剣璽渡御も明正天皇と同様、実施されなかった。

女帝装束の準備

宝暦一三（一七六三）年二月、即位式用の道具新調が御用係に発令された。新調する即位式礼服、補修して再利用するもの、即位式でしか使用しないので官物から拝借する頭飾品・沓類など、いつも通りである。官庫には舞楽用と即位式に着用できる唐人装束が収納されていたから、七月三日には在庫調べを兼ね、紫宸殿で唐人装束の虫払い（虫干し）をおこなった。[23]

その一カ月前の六月一〇日、宮中の装束担当である山科頼言が女帝装束を奏上した。

八月六日、後桜町天皇即位を各方面に伝える由奉幣使《よしのほうべいし》が発遣され、陰陽頭土御門泰邦《つちみかどやすくに》が即位式当日天皇着用の服装を確認する礼服御覧《らいふくごらん》と即位式の日取りを占った。

八月二二日には、智子内親王の内々の礼服御覧があった。山科頼言《よりとき》から、即位式に使う釵子《さいし》（理髪道具。大垂髪《おすべらかし》のてっぺんに挿す金属製の束髪ピン）や挿頭《かざし》（頭髪に挿す造花）、五衣《いつぎぬ》（十二単衣のこと）、表着、唐衣、袴、裳について説明がなされた。

『紫式部日記』には、女房たちが垂髪に釵子を挿す話が載る。髪上《かみあげ》といって髪を背中あたりでゆるく一つにまとめ束ねるやり方が垂髪である。大垂髪は安永・天明の頃、花魁などの高級遊女が、鬢《びん》を大きく張り出した灯籠鬢という髪型を京都で流行らせたというのが定説である。それが宮中の女房の髪型に影響をあたえたのであろう。後桜町天皇は、日常は垂髪で過ごしていても、即位式当日は鬢《びん》を大きく張り出した大垂髪を結ったのであろう。天皇即位式に参列する女官たちもおそらく前髪を膨らませたこの大垂髪だったはずだ。宝暦年間にはすでに、灯籠鬢が宮廷の女性にも知られ、女房たちの髪型にも影響を与えた。平安時代から遵守されてきた宮廷儀式も当時の風俗や流行の影響を受けないことはなかったのである。女房たちは、最高のハレの舞台に映える髪型で天皇即位式へ臨んだと推測される。

御所の修理や清掃

即位式の準備のため、職人たちが御所内の修理や清掃にやって来た。清涼殿の畳替、小御所の清掃等が済み、一〇月二六日には常御殿の畳替があった。ところが、手伝い職人らが渡り廊下で喧嘩を始めた。近衛権中将だった野宮定晴卿が棟梁に止めさせるように命じたが、収まる気配がない。そのうち殴り合いになり流血事件へと発展してしまった。定晴は「卑賤の者が日中、御所内の渡り廊下で狼藉をはたらくのは言語道断、処罰すべきで、そうでないと不敬極まりないし、今後もこんな事態が起きる」と、職人たちの行動に腹をたてた。

平成の即位式でもさまざまな職種の人々が従事したが、皇居に入る関係者には厳正な検査が課せられ、もろもろの忌避があったと聞く。喧嘩などはもってのほか。だがこの時代、御所内であっても職人同士の喧嘩はそう格別なことではなかったようである。

この職人の喧嘩の三日後、内裏内東宮や皇后の住居で小御所とよばれる場所の掃除も万端滞りなく終わった。

礼服御覧と即位習礼――女帝装束御披露目

いよいよ一一月一八日は、即位式の礼服御覧である。礼服御覧は天皇以下、参列する公家たちが装束一式を確認する行事で、即位式の習礼（予行演習）も兼ねる。今回は、基本となる桜町天皇即位の目録を参考に、摂政以下が小御所帝鑑《ていかん》の間に集まった。

内蔵寮《くらりょう》（蔵司）が唐櫃《からひつ》（辛櫃《からびつ》）を運んでくる。櫃には、男帝装束一領と女帝装束一領が入る。二領を櫃から出す。赤色綾で一二章の吉祥紋を縫い取りした男性用の冕服《べんぷく》は櫃に戻され、もう一方の装束が出された。これが女帝用装束である。

従来、唐櫃には常に男帝装束のみが納められていた。だが、今回は違った。後桜町天皇用に新しく女帝用の装束が新調されたからである。この即位礼服類一式は、すでに三カ月前、智子内親王が内々に確認を済ませた女帝装束である。

野宮定晴が日記に、「御礼服二具、一具赤、一具白、御冠之体与古物有相違之物、白御礼服并此

冠今度新調物か（御礼服は二組、一つは赤色でもう一つは白色である。御冠は古物の冠とは違う形である。白色御礼服とこの冠は、今回新しく誂えたものだろうか）[24]」と記したように、白色の女帝用装束と一緒に冠も新調された。新調したのは、「今度主上玉冠事、明正院御即位之料焼失、諸家記文等亦不分明歟（今回の天皇の冠についてだが、明正天皇が即位式で着用なさった装束は火事で失われた。諸家の記録文書は、明正天皇の装束についてはっきりと記録していないのだろうか）[25]」とあるように、あれば再利用したに違いない明正天皇即位装束は、宝永五（一七〇八）年の大火で焼失してしまった。そこで今回、冠と女性天皇用装束が新調されたのである。

　即位習礼が本番さながら披露された。式当日に参勤する公卿全員と兵庫頭、承明門の門番である伴家、佐伯家ら地下の官人はもちろん、居合わせた公家たちもこの様子を見物した。

　参内した公家たちが一人ずつ式当日の装束のひとつである束帯を試着する。礼服御覧という正式な行事だというのに、束帯を着ずに日常着の直衣《のうし》・奴袴姿（指貫《さしぬき》と同じ。袴の裾を紐で括る）の公家もいた。「公家は束帯装束を着ることが当然であるのにそれが守られていないのは服装の乱れだ」と、野宮定晴は少々ご立腹気味。儀式と服装は密接な関係がある。定晴がこのような義憤をもらすのももっともなことであった。

　習礼では、高位の公卿は代参が認められていたらしい。下位の官人が代役を勤めた。その代参者が高位公卿の格式張ったしぐさの真似をした。それを見た参列者が含み笑いをしたので、指揮官に叱責された。そんな出来事も見られたようだ。天皇即位式の予行演習といっても、緊張した雰囲気ではなく、なごやかに式が進行していったことがわかる。

『御即位見聞私記』はロングセラー

後桜町即位式当日の様子は公的記録のほかに、前述の廣橋兼胤、野宮定和（定晴）、柳原紀光、山科家の各日記にしたためられていたことを紹介したが、かれらの日記に共通することがある。公家は天皇即位式を欠席したり遅刻したりするらしいということである。

即位の式次第は、どの公家日記も似た書き仕様だった。つまり即位式当日出仕の職掌や式次第の内容が、寸分違わないのである。「遅刻して即位式を見物できなかった」と、日記で断っているのに、即位式次第は変わりなく正確に記入されている。即位式に勤仕する公家はもちろんこと、勤仕しない公家へも即位の式次第が配布されたのではないか。それとも公家がお互いに即位式次第を写しあうような親しい間柄だったのだろうか。

庶民にはそのような便宜が与えられることはないし、公家たちの実況見聞情報を入手できるわけでもない。それでも簡略な即位式見聞記らしきものなら、入手できた。

庶民が手にすることができた書籍に、後桜町天皇即位の五〇年前、神祇頭平興胤《じんぎがしらたいらのおきたね》が撰述した宝永七（一七一〇）年の一一四代中御門天皇即位式の見聞記『御即位見聞私記』がある。

大阪府立中之島図書館所蔵『御即位見聞私記』の巻末の刊記（奥付）に注目すると、この見聞記が数人の手を介しながら手写しされた書物だったことがわかる。(26)

まず一人目。

「御即位私記は当家の学頭平興胤か撰る処なり。庭上装儀の作法悉く戴とてもつて明白なり。殊に此道を学人者の一助ならん　宝永七庚寅年十一月念四日　神祇伯雅冬王（御即位私記は当家の学頭平興胤の編集に拠るものである。御所内南庭の全容が明らかにされる。即位に関心のある有識者の参考にしたいと思う。宝永七庚寅年一一月四日　神祇伯雅冬王）」という刊記がある。

白川伯王家は、宮中祭祀をつかさどる神祇伯を任官する家で、雅冬王は中御門天皇即位式に参仕した神官であった。(27)宝永七年は中御門天皇が即位式のあった年で、平興胤は雅冬王らの頭であったらしい。

つづいてもう一人。

「文政五年六月、酒折宮神主岡越後之本写焉　篠部清風花押」と記される。篠部清風という人物が酒折宮《さかおりみや》神主である岡越氏の所持する『御即位見聞私記』を手写ししたらしい。篠部の花押印付きだ。

このように大阪府立中之島図書館所蔵『御即位見聞私記』は、順繰りに手写しされていった書物だった。『御即位見聞私記』は、宝永本→酒折本→文政五年の篠部本へと転写され、百有余年の月日をぐった書物だったのである。書写にかかわったのは、おそらく天皇即位や国学に関心をもつ人、神職とおぼしき人たちだろう。

『御即位庭上幢鉾調度図《ごそくいていじょうはたほこちょうどず》』（表題、題簽なし、和綴じ。以下『調度図』と略す。大阪府立中之島図書館蔵）も興味深い書である。これは大坂の住人岡國雄が宝暦一三年の後桜町天皇即位式を見聞し残したものである。著者の岡國雄は絵師だったらしい(28)。

『調度図』の前半部分は、即位式装束と即位式で飾られる威儀品や調度品の寸法と説明で一部は彩色つきである。後半部分は即位式見物の感想である。『調度図』に目を通していくと、岡國雄は平興胤『御即位見聞私記』を読んでいたことがわかってくる。

たとえば即位式にはさまざまな意匠の幢《ばん》（仏教祭祀や即位式などの儀式で用いられる旗幟のこと）が飾られ、うち一組の幢の先端には黒毛牛の尾が使われる。これは纛《とう》（纛幢《とうばん》）という。『調度図』では、「興胤私記纛ハ牛尾ナレハ」と、『御即位見聞私記』からの情報だとことわっている。香納桶（焼香用の香を容れる桶）も、「興胤カ見聞私記ニ曰是図書ノ香遼ト申ス」とあり、ここにも興胤の名が記される。

ところで、この『調度図』も手写本である。刊記によれば、文化一四（一八一七）年、仁孝天皇即位にあたり、西山道堪(29)が、友人の木邑松次郎所有の『調度図』を借りて、規式部分を手書きしたとある。つまり、『御即位見聞私記』と同じような伝達手法がとられた。岡國雄が宝暦一三年に著した『調度図』は、五〇年後の文化一四年にも改めて書き写されたのである。

知識の連続性という観点からみれば、『御即位見聞私記』や『調度図』は、即位式があるたびに引っ張りだされ、写され、読み継がれた息の長い書物だったといえるだろう。とりわけ『御即位見聞私記』は人気が高かった。近世中期の知の巨人といわれる木村蒹葭堂《けんかどう》や、寛政以降、江戸城の奥右筆（文書記録係）だった屋代弘賢《やしろひろかた》は共に蔵書家として著名だった。かれらの書架にも平輿胤の『御即位見聞私記』が並んでいた。天皇即位式を知る手引き書や概説書として長期間、継承されたことは間違いない。

一方即位式の図絵のうち、どのような種類を庶民は手に取ることができたであろうか。

即位式の図絵では、後桜町天皇即位の二代前の桜町天皇即位式の写しが流布したことはすでに述べた。庶民には、屏風図のような大きくて豪華な絵図はもちろん、この写しさえも手が届くとはおもわれない。そこで木版刷りの一枚物も出たらしい。大阪府立中之島図書館に残る木版一色刷の天皇即位図は[30]、縦五七センチ、横六三センチの摺物で、即位式全体を斜め左下方から描いた刷り物である。これは保存状態も良いが、普通の刷り物は安価であるゆえ、傷めばすぐ捨てられた。そういうわけで、木版一色刷の現物はそう多くは残っていないはずだ。

第四章　即位式の式次第〈其の弐〉
——お金とファッション——

1　費用と祝儀贈答

中御門天皇の即位式費用

天皇即位式にはどれぐらいの費用がかかるのか。

大いに興味をそそられるテーマである。東山天皇は第二章2節で、桜町天皇即位式については再興した大嘗会も重なったので第二章3節で少しふれた。だが、実感として把握するのはかなり難しい。その経費の出所は幕府であり、大名からの祝儀の金子額は明瞭であった。しかしそれ以外はあまり明らかでない。受禅か践祚かでは額が違うし、法事費用や修繕費用などが含まれる場合もあり、天皇即位ごとの比較は無理であろう。とりわけ問題になるのは、現代の金銭価値と換算できるかどうかであるが、これなどは至難の極みである。

それほど不明瞭な天皇即位式費用であるが、受禅を済ませ元服式前に父東山天皇が崩御した中御門天皇と、弟の桃園天皇崩御のち即位した後桜町天皇の例は少しだけ記述があるのであげておきたい。

将軍家（六代将軍家宣）は、中御門天皇の譲位・受禅の祝いに、御太刀馬代として白銀二千両を進上し、使者畠山侍従が持参。御台所（家宣の正室、近衛熙子）からも一〇巻の紅白の紗綾《さや》（絹織物のひとつ）が届けられた。(1)

もっと多かったという記述もある。幕府からの装束料進献《しんけん》について『禁裏番衆所日記』（禁裏の当直の詰め所で書かれた日記）は、「当年は即位、来春は元服という二つの大きな儀礼が続き格別もの入りである。ゆえに装束料として三万両献上する」とある。だが『資尭朝臣記』（近世前期の公家、柳原資堯《やなぎはらすけたか》の日記）や『基熙公記』ではどれも白銀三千枚と記されている。『中御門院御昇壇記』（中御門天皇の即位の詔《みことのり》）でも「白銀三千枚を賜った。清花から六位の蔵人までは各十七枚ずつ賜う。ただし式に参列しない公家や幼年の輩は十枚ずつである」となっている。『禁裏番衆所日記』の三万両は多すぎるだろう。

清花（清華《せいが》）とは、公卿でも上位の家格のことである。白銀三千枚の内訳は装束料に、その清華から六位の公家までが各一七枚ずつ賜り、それ以外の公家たちも十枚ずつ頂戴したとある。幕府からの即位祝儀には、公卿までその恩恵に浴していたことがわかる。

近衛基熙は即位式で着用する装束の補助として金銭が贈答されたことを大いに慶び、「御慈悲深いことで有難く思う」と、幕府に感謝の言葉を連ねた。家宣の御台所である娘の熙子からも紅白の紗綾が届けられたから、基熙が幕府に対して好意的な印象をもっていたことが即位式費用からもうかがえる。

近衛熙子は、七代将軍家継が八歳で早世した後に、御三家の紀州藩主・徳川吉宗を八代将軍として迎えるのに積極的だったともいわれる。その吉宗が、中御門天皇から桜町天皇との間に安定した関係を構築しており、それが費用にも反映したという推測も成り立つだろう。

後桜町天皇の即位式費用

次は後桜町天皇即位式の費用である。

朝廷側は幕府に「白銀千五百両、金子二百切、絹一五疋、下行米《げぎょうまい》代黄金五十両」を、最低必要経費として要求した。それに対し、宝暦一三年一二月一日、徳川家治から太刀一腰、馬代白銀三千両が届けられたことが、『御湯殿上日記』に記されている。

これに御三家からの贈答分を含めると、実に五千二百二十両の進上金が朝廷に届けられた。蝋燭千丁など実利品の献上もあった。「浚明院（＝一〇代将軍家治）殿御実紀」では、家治は馬代白銀三千両のほかに小袖三十を進上したとある。幕府からの指示で諸藩が贈答した祝儀金もあった。

およそ三千両が進上の基準とするならば、五千二百両ならば額が大幅に増えたことになる。即位式と大嘗会を経験する希少性が考慮されたのだろう。これに加えて即位式祝儀には金子のほかに、紗綾の反物や小袖、それに蝋燭など儀式に役立つ物品も贈られた。

後桜町天皇の即位式費用にはこのほか、故桃園天皇の追善供養代として、ともに天皇の菩提所である泉涌寺《せんにゅうじ》へ千五百両、般舟三昧院《はんじゅざんまいいん》へ千両が寄進されたうえに、廷臣たちへも頒賜《はんし》（分配されること）があった。故桃園天皇の追善法要分、践祚祝儀などの慶弔行事諸費用、後桜町天皇即位関係費、具体的には即位式に参仕する公家たちの衣装の新調や修理費用、御所唐門や透垣《すいがい》などの修理、御殿の畳替などの施設改装費など、即位にともなうあらゆる経費が幕府丸抱えだった。

参考になるかどうか、幕末と明治の即位式の費用も示しておきたい。

「嘉永元年孝明天皇即位礼に於ける下行米は四千三百石なりしが、今次大礼にありては金四万三千八百余両をもって諸儀の費を弁ぜり」という件が『明治天皇紀』にある。現代の金銭感覚との比較は到底できないが、孝明天皇は一三億円（米の価格は変動しているが、一石を三〇万円ぐらいで計算）、明治天皇は二九億円ぐらい（一両を六万六千円で計算）と見積もった。(2) これらを参考にすると、後桜町天皇即位式関係費用は式以外の御所修理費用なども含むが、孝明天皇と同額ぐらいとおもえば、ほぼ間違いがないだろう。

おびただしい祝儀献上品

次に即位の祝儀贈答を見たい。

後桃園天皇即位の祝儀贈答情報には、町触からの告知があった。「一一月二三日付　献上物も二七日になすべき事」とある。贈答品は受禅後四日目に持参せよとの達しである。(3)この町触は一体、誰を対象に、誰に知らせようとして伝達されたものなのだろうか。同じく、後桃園天皇の結婚の祝儀贈答にかんする町触も残っている。

後桃園天皇の新嘗祭は、即位式から二年後の安永元（一七七二）年一一月二四日だった。一二月四日は結婚（入内《じゅだい》という）で、これも町触で告知している。(4)入内当日は受禅同様、庶民の御所入場が禁止された。それに僧尼は入内当日から五日間、服喪者は三日間、参内禁止だった。(5)朝廷の行事ゆえ御所入場禁止と伝えながら、さりとて「今回の婚儀では諸藩大名の使者が婚礼祝儀品を届けにやって来る。御所内南庭は混み合う。御用達の町人を案内役につけ使者一人だけで来るように。その他の人は来ないように」(6)と婚礼贈答の申し伝えも忘れていない。

朝廷への婚礼贈答品でも、五万石以上（五万石以下でも官位が四位以上は五万石と数える）の大名は、石高に応じた金子が義務づけられ、金子以外にも、昆布、肴類、綿・絹織物の巻物など物品にあたる「種」と樽酒にあたる「荷」を贈らねばならなかった。金子に物品を添えるのが祝儀贈答のやり方のようである。

とすれば、御所内南庭は、祝儀贈答品を持参した各藩の使者たちで混雑したことが想像される。おびただしい数の贈答品が届けられたことであろう。「御築地之内込合候間」から、婚礼贈答品を届ける武士や商人たちが、右往左往する様子が目に浮かんでこよう。

後桃園天皇即位と婚礼祝儀の町触を見たが、即位式には必ず贈答品が届けられた。寛永期の明正天皇即位式のさいには、「畏れ多くも目出度い天皇即位式なのだから、朝廷へ祝儀を進上すること、それには武家と公家の連絡係である伝奏役に贈答品を預けるように」との命令が下された(7)。桜町・桃園・後桜町各皇の各即位式にも、徳川家から祝儀がとどけられ、大名たちもそれに準じた贈答をおこなっている(8)。

大名への連絡だけでよければ、どうして町触から知らせるのだろう。それは、祝儀贈答が大名だけにとどまらなかったからではなかろうか。京都の町衆が、こちらのほうは義務ではなく自主的に贈答品を付け届けることを、町触は予測していたのではないか。御所の諸雑用を勤める岡田伝次郎(七六頁参照)のような町衆が贈答品を持参したことは想像に難くない。武士階級ばかりでなく、庶民階層も祝儀を贈答した。そこで南庭の混雑を規制するため、持参日程を町触で伝えたのではないか。

蓬左文庫には、先ほどの明正天皇即位当日の御所内配置見取り図が残されている。清涼殿内に「献上物置場」と掲示され、「御即位時使者御礼図」(縦一〇九ミリ、横四一ミリ)とある。わざわざ書き留める必要があるほど数多くの贈答品が届けられたということであろう。

2　即位式での衣装

きらびやかな天皇の装束

天皇即位式における服制が定められたのは、八世紀後半の大宝律令や養老律令からで、宮廷の年中行事・典礼・制度・装束などは、平安時代初期に確立した。これらを総称して有職故実（序章参照）という。いいかえると公家社会が理想とした儀式の仕組みが有職故実で、その大要は平安中期、源高明《みなもとのたかあきら》が著した『西宮記《さいきゅうき》』に示される。装束に関しては『西宮記』を手本にほとんど変わることなく継承されてきた。近世の天皇即位の様式もこの『西宮記』の解説に負うところが多い。

天皇即位式には、上は公卿から下位の公家や官人、女房など総勢八〇名近くが、御所内南庭と紫宸殿に集結する。武事関係を扱う武官グループ、文事を司る文官グループ、それに女官たちの三つに分類され、またそれは装束からもおおよその識別が可能である。武官グループに属する大将代、中将代、少将代、近衛次将代の衣装は武官らしく勇壮だが、即位式にふさわしく装飾的でもある（図4－8、4－9参照）。文官グループのなかでも摂政などは束帯姿だが、それ以外の文官たちは、天皇をはじめ、宣命使《せんみょうし》、内弁《ないべん》、外弁《げべん》、典儀《てんぎ》、親王代《しんのうだい》、擬侍従《ぎじじゅう》、少納言代《しょうなごんだい》は全員、袖幅が広く長い袂《たもと》の唐風の衣装である。そのなかでもことに鮮やかで豪華なのは、天皇装束（皇帝装束）である（口絵

七、八頁）。

即位式はもちろんのこと、元旦の四方拝などの朝拝も、玉冠（冕冠《べんかん》）（口絵八頁）、大袖、小袖、裳の大礼服一式の唐風の衣装を装着する。これを袞龍御衣《こんりょうのぎょい》（冕服《べんぷく》、袞冕《こんべん》、袞衣《こんえ》）という。冕とは天子の冠、袞とは天子の服の意味で、唐王朝の服制がそのままわが国に取り入れられた。

玉冠の四方（冕板）から玉飾りを垂らす。これが冕旒《べんりゅう》である。冕旒も中国の皇帝の冠を真似たもので、冠の上には、中国古代神話で万物を生成する太陽の日形（日輪）と、太陽の化身を表す三本足の赤い鳥の八《や》咫烏《たがらす》を飾る。日形と八咫烏の二つは皇帝を象徴する重要な標識である。八咫烏は中国だけでなく日本の創生神話にも登場する想像上の鳥で、日本サッカー協会のシンボルマークにもなっている。

即位式着用の礼服は絹製の赤色綾、裏は紫色で、長い袖丈と大きな袂がついた大袖と、裳《も》の二つの部分からなる。[9] そこに中国古代王朝で、理想とされる天子・舜が治めていた虞《ぐ》という国が依拠した一二章の文様を縫いつけた。というのも、古来、中国の皇帝たちは優れた天子の徳や資質を象徴する一二の文様を朝袍《ちょうほう》（皇帝の着る衣服）にちりばめたからで、わが国も中国の理想となる皇帝の資質に倣ったのである（一二の文様を**太字**で表示[10]）。

(1)大袖（口絵七頁）

皇帝衣装は陰陽五行思想に従い、大袖の前身頃の左肩には陽徳をあらわす**日**形と八咫烏がつく。陰陽のほかに意匠でも、皇帝の徳や資質を表現する。右肩には陰徳をあらわす**月**の図像がはいる。月は万物を養成する。そして、月には仙薬を搗《つ》く銀兎と蟾蜍《ひきがえる・せんじょ》が入る。陽の八咫烏に対抗して、陰の蟾蜍も三本足として図像化される。

両袖口には黄龍が躍動する。**龍**はもちろん、皇帝を象徴する意匠である。最高位の皇帝だけが五爪の龍を身に纏ったが、わが国の天皇装束では前足が四爪、後ろ足は三爪となる。

前身頃には小**龍**が一列に並び、その下には**山**を並べ、天子の恩を広く人々に施し温厚重厚な天子の徳を表現する。山の下に**雉鳥**《きじどり》または**華虫**《かちゅう》がいる。これで天子の身体を表し、その意味は道理と礼儀である。雉鳥の下は**火焔**があって天子の徳を表す。一番下に祭器の代わりに**虎と尾長猿**（**宗彜**《そうい》）を並べ、これで天子の勇気と智恵を示す。上衣のすべての意匠に天子の治世と人徳が代弁されていた。

日嗣《ひつぎ》の皇子に相応しく、御服《ぎょふく》は中国の皇帝文様をあらかた踏襲したが、相違点もある。それは中国の袍は前身頃に三つの星を線で結んで四季を表すのに対し、わが国では後ろ身頃に七つの白い星を結んだ**北斗七星**（**星辰**）を描くことである。(11) 北斗七星は天皇が即位式直前におこなう即位灌頂には欠かせない星だった。北斗七星はおそらく道教の影響であろう。後ろ身頃の袖には、黄龍ではな

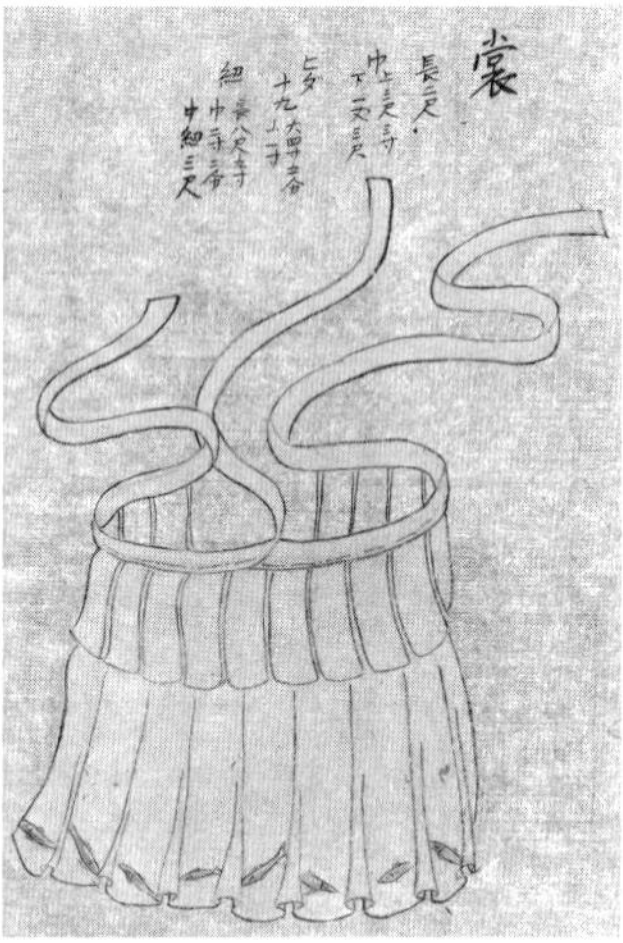

図4－1　鮎模様の裳
（『御即位諸幢鉾并御調度并丈尺寸法 公卿以下礼服形容』より）

く青龍が飛遊するが、これも五行思想では青が東方を意味し春を司る色とされているからだろう。

(2)裳（口絵八頁）

裳は現代の服装なら、さしずめ箱襞プリーツになった巻スカートである。この巻きスカートに**藻**《も》（水草）・**粉米**《ふんべい》（米）・**黼**《ふ》（柄のない斧）・**黻**《ふつ》（背中合わせになった一対の弓の字）の四文様を刺繍する。これらの意匠文様にも、為政者としての徳や能力の意味がそれぞれこめられている。

この巻スカートには、三本の長い紐がつく（二本の腰紐だけでは裳が下がるので、真ん中にもう一本紐を付けた。図4－1参照）。

裳の下には、下襲《したかさね》の下着、赤色の大口袴、白色の表袴《うえのはかま》を穿く。表袴は窠《か》に霰文《あられ》（瓜を輪切りにし周囲に霰を散らした文様）が浮織地《うきおり》といって浮きあがるようになっている（図4－2）。「窠に霰文」は代表的な有職文様の一つである。

上から房つきの長綬《ちょうじゅ》、短綬《たんじゅ》をベルトのようにして、上衣の大袖に結ぶ。綬は色糸で編んだ組紐の

図４－２　窠に霰文

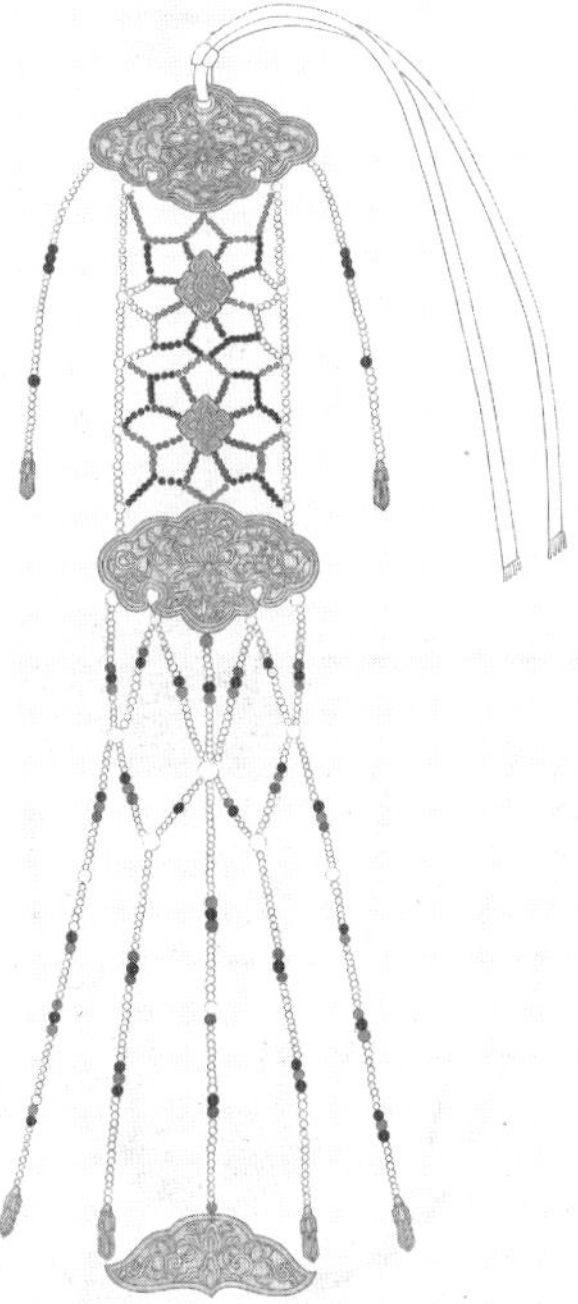

図４－３　玉佩（『冕服図帖』より）

こと。勲章を佩《お》びるときに用いるヒモのことで、たとえば紫綬褒章の〈綬〉といった方がわかりやすいかもしれない。そこから有松鶴文などの吉祥模様のはいった平緒《ひらお》（太刀を帯びるために、胴に巻き、余りを前に垂らす幅広い帯状の紐）を垂らす。その平緒には『神楽剣歌拾遺集神祇部』から採った「石上振也男乃太刀毛可那久美能緒志天々宮路通舞（イソノカミフルヤヲトコノタチモカナクミノヲシテ、ミアチカヨハム）」や万葉集第六、山部赤人「若浦爾塩道来者潟乎無美葦辺乎指天多頭鳴渡（ワカウラニシホミチクレハカタヲナミサシテタツナキワタル）」の文字を縫い取りする。

共に恋の歌である。なぜ平緒に恋歌を刺繍したのだろうか。わからない。このような日本調の図柄や万葉集の歌を縫い取る意匠が、古代からあったとは考えにくい。本書で参考にしたのは近世後期の装束であるから、この時代になって新しく加えられた意匠と刺繡と考えた方がよいと思われる。

さらに裳の上から、玉佩《ぎょくはい》（図４―３）を垂らす。玉佩は玉冠とおなじく五色の玉と金銅の花形を貫いた玉飾りで、涼やかな音が鳴る。「昔の貴人公子が佩玉の音を楽しんだ」と、これは民俗学者柳田国男の弁である。天子は左右にひとつずつ、公卿たちは右に一つだけ下げる。図３―１は内弁が玉佩をぶら下げた図である。

足は錦製で親指の間が割れていない足袋（襪《しとうず》）と沓（烏皮舄《うのかわのくつ》）を履き、牙御笏《げのおしゃく》（象牙製の細長い板）をもつ。以上が天皇装束一式である。現代とはかけ離れ見慣れない形や有識文様、それに古代中国の皇帝文様の列挙で、天皇の装束を複雑にしてしまったようにも見える。現代風にわかり易くいえば、プリーツになった巻きスカートにガウン型の上衣をはおり、その装束全体に天皇の権威を象徴する一二の文様を刺繡したもの、それが天皇の即位式用装束である。

幼帝の装束

元服前の天皇の髪型は角髪《みずら》や総角《あげまき》である。角髪は髪を中央から左右に分けて耳の辺りで結ぶ。総角は振り分けた髪を頭の上で巻き上げ輪にして結う。元服式では鉄漿をつけ、この子どもの髪型をやめ大人の髪型に結い冠を被る。

『源氏物語』「桐壺」の巻には、源氏君の元服に臨み、父の桐壺帝が大人の髪型が似合わないのではと心配するが、理髪後、源氏の君が凛々しい姿になったことに安堵するくだりがある。髪型こそが成人男性をあらわす重要な指標だったことを表す好例であろう。

髪型の次に男帝と元服前の幼帝との違いを識別するのは冠であろう。元服前の髪型のままでは男帝の冠は装着できない。だから幼帝の冠は女帝の宝冠に似る。女帝の小型版である。日形冠《ひがたかん》（口絵八頁）という。

天皇だけが着用が許される束帯は、黄櫨染《こうろぜん》の袍《ほう》というが、黄櫨染の袍も元服前と後では違う。男帝は縫腋袍《ほうえきほう》の黄櫨染だが、幼帝は腋《わき》から下を縫わない闕腋袍《けってきほう》の黄櫨染の袍を着る。闕腋袍の束帯は武官用の装束と同じで、腋が空き腕を動かしやすい。

中御門天皇、光格天皇二人の元服の儀は、元旦行事の四方拝終了後におこなわれた。四方拝は天皇が東西南北の四方向を拝し年災を祓い、無事を祈る儀式である。闕腋袍の黄櫨染を着て、四方拝と元服の儀に臨み、理髪・加冠をすますと、今度は縫腋袍の黄櫨染に着替えた。ここではじめて二人は名実ともに皇位を継承した男帝となったとされる。腋が空いているかどうか、という細かい部位にまで配慮が及ぶ。有職故実のうちでも、儀礼や装束に関する細心の目配りには想像を越えたものがありそうだ。

女性天皇の装束――白装束の意味

女帝装束に関する史料は乏しい。源高明の『西宮記』に、「女帝装束皆同（白御衣）」[12]との記述が見られる程度だろう。女帝称徳天皇の御代から、次の明正天皇までおよそ八五〇年の空白期間がある。明正天皇から後桜町天皇までも約一三〇年経っていた。女帝が何を着たか、具体的な装束の例を探すのは難しい。

(1)明正天皇

蓬左文庫蔵の『寛永御即位記略』では、赤色の装束を着た明正天皇が描かれる（口絵一頁）。ところが同じ蓬左文庫蔵『明正院寛永御即位記』では、明正天皇の着衣衣装を、「宝冠は太陽を象徴した形である。白色の大袖と小袖を着る。裏表とも生絹《すずし》（生糸で織った練られていない絹織物）である。白精好《しろせいごう》の御褶・裾・條帯をつける。長綬は一筋、短綬は二筋。玉佩二本をさげる。足には絹製の韈と舃《せきのくつ》（牛革製黒漆の沓《くつ》、烏皮舃のこと）を履く。笏は象牙製。男帝のように袞龍を着るべきところだが、女帝なので古代からの先例により白い御衣《みけし》である」[13]と記される。明正天皇は赤い装束を着ていない。実際は、明正天皇は天子を象徴する赤色の袞龍御衣《こんりゅうのぎょい》を着たのではなく、古代からの有職故実で定められた白い御衣、つまり白色の絹製の大袖に白色の精好の裳をつけたのである。そしてその上にもう一枚裳を着けているのである。

絹糸の撚《よ》りを強くして織った生地を精好という。精好は絹織物特有の光沢と感触の良さがあり、堅牢でシワになりにくいので、女官や武士の袴に用いられた。裳は袴の一種である。男帝と同じく女帝の裳もプリーツになった巻きスカートを穿く。ところが女帝の場合、より複雑である。明正天皇の裳は「御褶御裾條帯」とあって、これは褶《ひだ》のついた裳と、細長い筋（條）のついた裾《すそ》の裳の、つまり二枚の裳を重ねたという意味に理解される。明正天皇は足首までの裳と、引きずる細長い裳の、二枚を纏《まと》ったことになるのである。現代風に理解するとスカートを二枚重ねてはいたことになる。何と面倒臭い着こなしであろうか。

⑵後桜町天皇

明正天皇の装束は宝永の火事で焼失した。女帝装束の実物が残っていないから、後桜町天皇の装束を新調しようとしても、ますますわからない。これが実情ではないか。

廣橋兼胤は、

「後桜町天皇の冕服着用についてだが、髪の結い方はまだ決まっていなかった。寛永の明正天皇即位時の例を参考にしようとおもったのだが。それに古代からの諸文献を調べたのだが見つからなかった。中国版『三才図会』には則天武后の姿があったのだが、もうひとつ宜しくない。『三礼図』も参考にした」と『八槐記』のなかで困惑した理由を述べた。

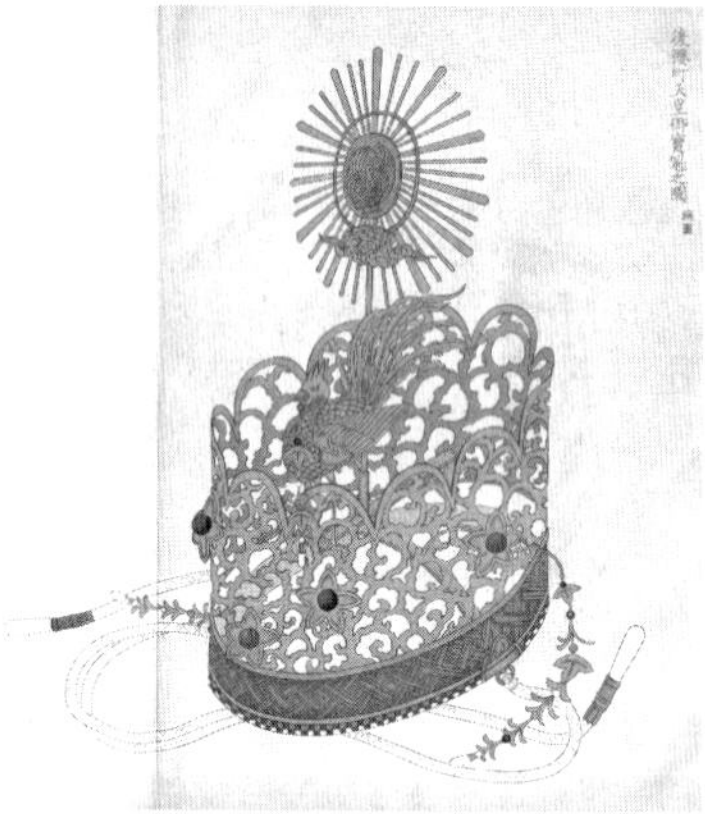

図 **4－4**　後桜町天皇宝冠
（『冕服図帖』より）

参考になりそうな史料を探しながら、ようよう後桜町天皇の装束を決めていった様子がうかがえる。髪型は、大垂髪を採用した（八九頁参照）。

摂政や公家装束担当の山科頼言《よりとき》卿たちが特に頭を悩ませたのは、冠と裳であった。

東大寺宝物に、称徳天皇の玉冠が遺されているらしいと聞いたので、探しにでかけた。ところが当然というか、発見できずじまい。明正天皇の装束は焼失している。仕方なく、冠は東山光雲寺（東福門院の菩提寺）にある明正天皇の実母東福門院肖像画の天冠を参考にして、新調することとなった。

天冠とは、舞楽でのかぶりものや仏像がつけている宝冠のことである。円筒状で、周囲に金銅製で唐草の透かし彫りをいれる。その上の中央頂上に棒を立て、太陽を象徴する日形と雲を飾り、中心に八咫烏を、その前に鳳凰を立て女帝の宝冠とした。

鳳凰が飾られた東福門院の天冠と後桜町天皇の宝冠では、一見すると、形状と意匠は変わらないように見える。しかし大きな違いがあった。女帝宝冠には、天皇を象徴する日形と八咫烏が鎮座するのに対し、東福門院の冠にはそれらが飾られていない。女帝と皇后では冠は明らかに違うのである。後桜町天皇が実際に被った冠が図4－4である。

摂政殿は、女帝装束一式を次のように決めた。廣橋兼胤の話をつづけよう。

「宝冠は鳳凰が乗った冠である。大袖・小袖・裳は白紗綾《しろさや》（絹織物の織り方の一種）で、文様は縫い込まれていない。無紋である。裏地は白絹の練絹（生絹の反対。練って柔らかくした絹布）である。裳《も》は裙《も》と同じようなものである。褶《ひらみ》とは襞のある裳のことで、裳の上から褶を着けるべきだが、平安時代以降の裁断縫製がわからなくなってしまった。天皇は裙を装着なさる。摂政が裙の下に赤色の切袴を穿くことを提案した。これらは新調である。公家装束御用達の山科頼言卿が調進した。それ以外の服飾品である綬《じゅ》、玉佩、牙笏《げのしゃく》は古物を再利用する。なお赤皮の舃は新調した。これも頼言卿が調進した」(14)。

後桜町天皇の装束も大袖と裳からなり唐風である。基本的には女帝の装束も男帝装束と変わらない。相違点は後桜町天皇の礼服御覧（第三章4節の「礼服御覧と即位習礼」）で述べたように、男帝装束が赤色であるのに対し、女帝は彩綾の地模様で、白色だったことである。これは大きな相違点であり、のちにふれるが、女帝としての意味がある。

裳は、古代では〈裙〉・〈褶〉・〈裳〉と使い分けられていたのだが、江戸時代になると、この裳の裁断方法や縫製の仕方がわからなくなってしまった。確かなのは、女帝は裳を二枚着けたことである。男帝と同じ裳の上に、もう一枚、平安時代の女房たちが腰に着けた州浜模様の裙帯《くたい》（図4－5）

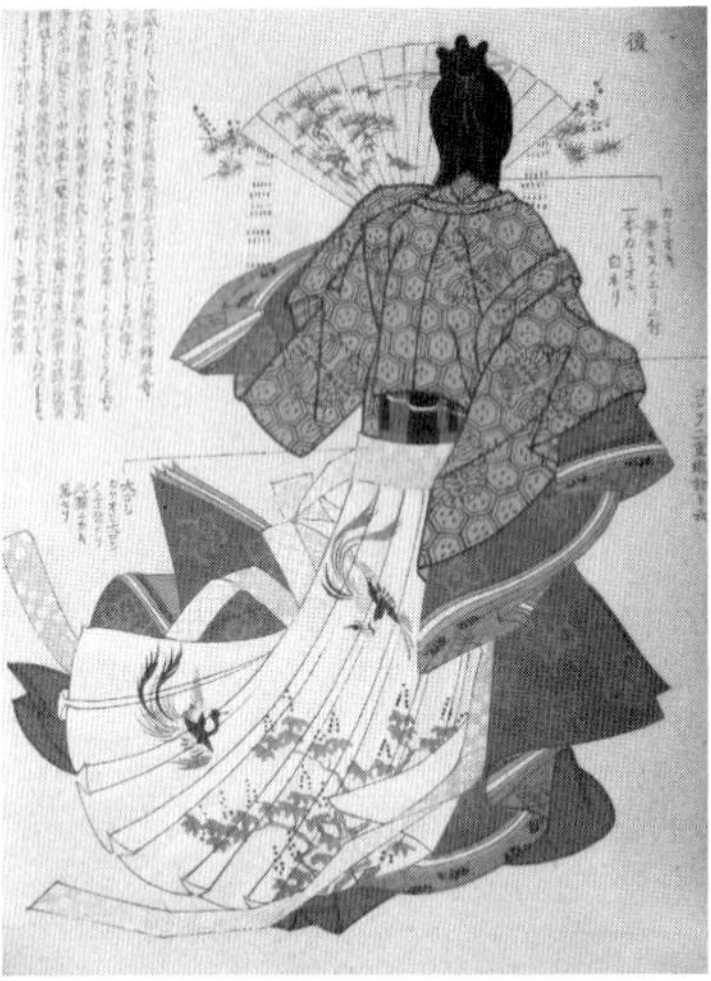

図4－5　州浜模様の裳
（『故実叢書　女官装束着用次第』より）

の裳を重ねたのである[15]。奈良時代は〈裳〉は腰全体を覆うものであった。床まで届くロングプリーツスカートだった。その裳の幅が次第に狭くなって、後ろ身頃の腰から下の部分だけをまとうものとなった。腰蓑タイプに分化したのである。これは礼装のときに装着する形式的な装束である。それが州浜模様の〈裳＝裙帯〉だった。ただし女帝が身に着ける裳は二枚とも白色で模様がなかったことが大きな特徴である。

後桜町天皇の着衣した装束は図4－4と図4－6、4－7である。これは岩下羆が明治四〇年に出版した『冕服図帖』の手摺木版の図である[16]。大袖と裳は男帝と同じ形でも、白色なら受ける印象が違ってくる。

野宮定晴卿は平安時代の公卿、中山忠親《ただちか》の日記『山槐記《さんかいき》』を紹介し、女帝の礼服は白色で無刺繍なこと、古来、白色の冕服は中継ぎの皇位継承者を意味すること、白色はそのような妥協的産物として考案されたのだという。定晴卿が指摘するように、白色のイメージには、そんな中途半端な働きが認識されていたのだろうか。

白色でまず浮かぶイメージといえば、清潔、清楚、純粋、無垢、清浄であろう。また紅白饅頭、紅白なます、紅白合戦のように、赤色と対峙・対立・敵対する概念としても使われる。

古代では、赤色で活力やパワーを表し、白色は死の概念を含んだ色と認識されていたのではないか。人は、死の穢れを避けたり逃れようとする行為として、まず恭順の意を表したり、謹慎したりする。つづいてとる行動は、穢れを除去し清浄へと導き、再生への道を求めることであろう。白色はそのような死の概念から脱却し再生への希求を担った禊《みそぎ》の色だったのではないか。

また、近世の日本では、喪服の色は白色か鈍色《にびいろ》だった。[17] 白色は清潔や清楚の意味だけではなく、

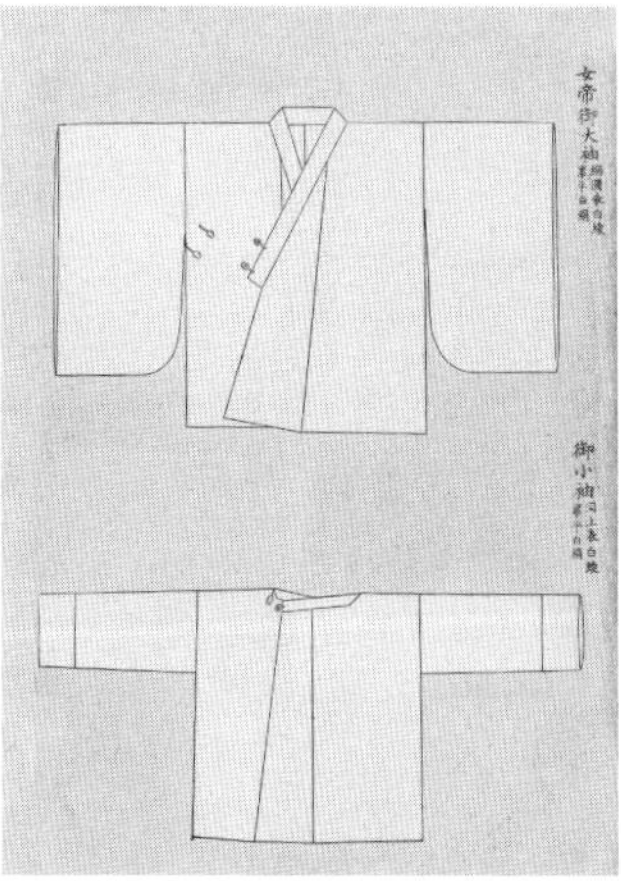

図 4 - 6　後桜町天皇大袖
（『冕服図帖』より）

図 4 - 7　後桜町天皇裳
（上図に同じ）

蘇生や再生の意味を含む色でもあった。

民俗的には、花嫁の衣装が白無垢なのは純真無垢であり穢れていないことを示唆するだけではなかった、それは〈死の状態〉を意味した。近年まで花嫁が実家を離れるとき、飯を茶碗に盛り箸を突き刺したり、割ったりする葬礼習俗が残った地域があった。結婚すれば花嫁は二度と実家に戻れない。実家をあとにすれば実家の娘としての死を意味する。一度亡くなって、婚家で新しく蘇る。婚礼は花嫁の擬死再生の儀式でもあったのだ。有り体に言えば、白無垢は「死に装束」を表していたのである。

女帝が白色装束を着るのは、死に装束をまとったと同じ意味になる。つまり女性が天皇の地位を継承しようとすれば、〈擬死再生〉をおこなう必要があったのではないか。「蘇る」、つまり正規の天皇（男性）に変生《へんじょう》する過程に帛《はく》の衣、白の冕服が必要だった。女帝の白装束には、そのような約束事が秘められていたのではないか。

それにもうひとつ不思議なことがある。女帝装束には男帝のように天皇を誇示する一二章の文様がないことだ。

『源氏物語』「須磨」の巻は、その答えを示唆するような内容である。

朧月夜との密会が露見し官位を剝奪された時、実の息子の春宮《とうぐう》に累が及ぶのを恐れた光源氏は須磨への退去を決意する。三位中将（旧頭中将）たちが別れを惜しみに源氏宅に来た際、源氏は無紋の直衣（直衣は高位公家の常着）を召した。無紋は諒闇や喪中、謹慎や恭順を意味する。勅勘《ちょっかん》（天皇から受ける咎め）の身で謹慎状態であり、また義理の兄である朱雀天皇への服従を表した。

女帝装束は男帝装束と変わらなかった。ただ〈白色〉で、〈無紋〉という点が大きく違った。そこには、女帝が正式な天皇（＝男帝）へと移行・再生するための装束としての約束事をこめたからではなかろうか。ここにあげた二例だけでは確かな論証にはいたらないが、このような推測が成り立つだろう。

女帝の宝冠（図4－4）は、男性の四角い形の冕冠（口絵八頁）と違って円筒形である[18]。格式ばった冕冠に比し、宝冠は装飾的で流麗に見える。幼帝の日形冠は女帝の小型版であろう。形は微妙に違ったがこれら三者に共通するのは、天皇であることを誇示する日形と八咫烏が頭頂に屹立することである。太陽と八咫烏は天皇を指す重要な意匠だった。

3　参仕する公家たちの衣装

文官装束さまざま

摂政などの束帯姿の公卿を除き、宣旨を読む宣命使など諸事を司る内弁（図3－1）、外弁、典儀、親王代、擬侍従、少納言代で五位以上の文官グループは、みな天皇と同様の大袖姿である。今風にいうと、赤い色のズボン下、白色絹製のストレートズボン（表袴《うえのはかま》）、その上から、箱襞プリーツの巻スカート（裳）を巻く。上の方は小袖[19]、ガウン型の大袖に、房のついた長綬《ちょうじゅ》と短綬《たんじゅ》を腰に巻き、平緒《ひらお》と紐で結ぶ。

着衣順序は天皇装束と似るが、官位や職掌によって色や材質が大きく違う。文様も、あるものから無いものまでいろいろである。

代表的な文様は桐・竹・鳳凰文様を織り込んだ麹塵《きくじん》文様で、これは上級の文官の装束である（平成の天皇即位式では、皇太子は麹塵文様の束帯を着用）。

古代からのものではなく、江戸時代からの意匠と推測されるのが、文官グループの裳の裾部分に一列に配される鮎である（図4－1）。鮎の文様は中国ではありえないだろう。鮎は魚に占うと書く。神功皇后は、裳の糸で鮎を釣り、戦況を占ったという神話がある。それとも「松浦川 川の瀬光り 鮎釣ると 立たせる妹が 裳の裾濡れぬ」「松浦川 川の瀬早み 紅の 裳の裾濡れて 鮎釣るらむ」などの松浦佐用姫伝説に基づく歌を図像化したものなのか、それとも単純に裳が水色なので川を連想し鮎を描いたものなのか、たしかな理由はわからない。建国神話に因み、裳の新調とあわせ鮎の文様を描いたと考えるのが妥当なのではないか。

焼香役の図書《ずしょ》や主殿《とのも》や、典儀を補助する賛者（図3－2）らの礼服も中国風で、天皇とほとんど同じ形である。だが文様がなく、材質もそれほど凝ったものではないので、地下官人（位の低い公

図４－８　大将代（『御即位庭上幢鉾調度図』より）

図４－９　近衛次将（右図に同じ）

家）用だと知れる。図書と主殿は、三山《さんざん》冠《かん》（山の字の形になった黒漆の冠）を被る。白色の表袴、その上から青裳をつけ、浅沓を履く。上衣には、赤い小袖の上に白色平絹の大袖を重ねた。

武官装束――大将代の奇妙な儀式衣装

武官グループは大将代（図４－８）、中将代、少将代、近衛次将（図４－９）である。大将代は赤色の上衣に裲襠《りょうとう》と肩当をつけ、剣を佩《は》く。裲襠は「うちかけ」とも読む。花嫁衣装のうちかけを連想するがそうではなく、頭から被る貫頭衣のことである。ポンチョといった方がわかりやすい。裲襠は窠《か》に霰《あられ》文か菱文での錦織である。

図4－8からもわかるように、大将代が異装に見えるのは武礼冠《ぶらいかん》を被るからである。武礼冠は黒漆製で、五山の形になった冠に、花唐草模様を透かし彫りにした薄金を張る。その上に、銅の枠に黒色の羅《うすもの》を張った箱形を載せ、前面の左右に羽根を三枚ずつ挿す。武礼冠は中国の儀礼書『三礼記』に載る。『三礼記』はわが国でも出版されており、朝儀の参考にされた。武礼冠はしばらく絶えていたが、即位式の整序の機運にもあたり、桜町天皇のときに裲襠とともに再興された。過去の唐風の頭飾品を参考にしているわけで、懐古趣味的な雰囲気を漂わせるものとなっている。

大将代はこの上に、涎掛《よだれか》け風の肩当をつける。なお、裲襠は「打球楽《だきゅうらく》」から、肩当は「太平楽」の舞楽衣装から、それぞれ借りて使っていた。後桜町天皇即位式にあたって裲襠が新調され、肩当の代用として曲領《きょくれい》が新調された。曲領は横六〇センチ、縦五〇センチの赤色布で、その真ん中に直径一七センチの穴をあけ、紐をつけた形状のものである。

近衛次将たちは、紫宸殿中央階《きざはし》の下、「左近の桜」、「右近の橘」の間に相対峙する。纓《えい》のついた冠に、腋《わき》のあいた闕腋袍《けってきほう》を着す。平緒を垂らし、掛甲《かけよろい》を装着する。掛甲は奈良時代からある武具で、武士の鎧に近いが儀礼用である。表地が綾織の蔦唐草模様、裏地は白綾になっていて、これを首から提げる。さらに、大腿部を庇護するために草摺切《くさずりきり》を付ける。草摺切には鶴之丸金物の錺《かざり》付き。これも官倉の御物から借用。革製の靴を履き、鞘に螺鈿《らでん》の装飾を施した太刀、弓、箙《えびら》（矢を入れて携帯する武具の一種）をつける。

即位式ではどの参仕者も、長方形の箱を白鮫の皮で包み魚の形にした飾りを腰に提げる。これは魚袋といい、中国の官吏が門を通過するときの符牒だった。魚袋は日本では玉佩と同じく、単なる装飾品である。官位三位以上は金色、四位以下は銀色の魚袋を、表側に六つ、裏側に一つ飾る。正倉院御物のなかに魚袋が残されている。

天皇、女帝、文官グループ、武官グループの装束は、現在ほとんど目にすることがないので若干の説明を加えた。そのなかでも天皇の装束がとりわけ興味深い装束であろう。仙薬を搗《つ》く兎や蟋蟀《こおろぎ》、日本神話にも登場する八咫烏などは、陰陽道や道教に関係する図像であるし、北斗七星も星占いや即位式直前におこなわれる仏教の即位灌頂と関係がある。これらの意匠は日本でもなじみがあろう。長綬の万葉歌の刺繍や裳の鮎模様は、新調を機に、日本風の意匠を取り入れたものである。一方、女帝装束は男帝装束に準ずるものと位置づけられ、特異な事情を汲みとった衣装と考えられる。

このような装束が並ぶ即位式は、見物する庶民からみればどう映ったであろうか。きっと、きらびやかな衣装が一同に並ぶ様子を目にしただけで驚嘆の声をあげたに違いない。

第五章　庶民の天皇即位式参観

1　見物の告知方法

見物人の限定

本章では、いよいよ天皇即位式を見物する人々に注目し、彼らの行動を追っていきたい。

庶民が天皇即位式を見物できるとしたら、それは即位式で、次に翌日から二日間つづく即位式に使用された高御座や幢などの威儀物の展示見物と、しばらく経ってから催される御代始の観劇能があげられる。もっとも即位式と御代始能の鑑賞は人数が限定されたし、入場を拒否される人たちがいた。威儀物展観には人数制限はなかった。ただしこれも誰でも許可されたというわけではなかった。

まず、東山天皇即位式での入場対象者の状況を、公家日記から拾ってみる。

「宸儀を一目見ようと庶民が殺到するから、今回の即位式では、南庭に大勢の見物衆を入場させないと、内々に決めた。また、僧尼入場禁止も、安徳天皇即位の時に取り決めた通りに実行する（安徳天皇即位式については序章参照）。見物衆が集まる南門（承明門《じょうめいもん》）あたりを、所司代の武士に警固してもらう。入場できなかった人びとが南門の外側に、雲霞《うんか》の如くたむろし、騒がしいことだろう。次将の警蹕《けいひつ》が聞こえなくなるのが心配だ(1)」と、天皇即位式に参集する見物人の行動に注意を喚呼したのは、霊元天皇とは不仲だった近衛基熙である。

警蹕とは、神事や天皇が通行するとき、見物人に注意をうながすために、先払いが声をかけることで、行為自体に霊的な意味があるとされている。春日大社の摂社若宮神社おん祭りでは、夜中、遷幸と還御の神事をおこなう際、神官が「おう、おう」と声をかけ、ご神体が今まさに移動していることを表す。これが警蹕である。平成二五年の出雲大社遷宮でも、「おう、おう」の声とともにご神体が移動したことは記憶に新しい。

早朝から、御所付近は即位式見物希望者で埋めつくされた。とりわけ承明門の築地塀の周囲には、見物衆が雲霞の如く殺到した。後光明天皇即位式のとき、遅れてやって来た鳳林承章が御所内に入れなかったように、希望者全員の入場は無理である。入場できなかった人々が御所付近をうろうろして騒々しい。門外の騒音によって、禁裏内の即位式進行をうながす警蹕がかき消されるのではないかと基熙は危惧したのである。

また基熙は、治承年間の安徳天皇即位式で僧尼の入門が禁止された例を引き合いに出し、受禅前の移徙《わたまし》（引っ越し）でも、僧尼と重軽服《じゅうきょうぶく》（肉親・親類などの喪に服している者）は、来場してはいけないと注意している。

桜町天皇即位式でも、「ぶくしゃ僧尼の輩よけらるる」とあって、やはり、服喪中の人と僧尼の入場が禁止された。

それでも明正天皇即位式の屛風図では何名かの僧侶が描かれていたことを思い出せば、僧侶の即位式見物は黙認されていたことがわかる。また後光明天皇即位式で鳳林承章が入場できず憤慨した事実から、逆に僧侶の入場が黙認されていたことが読み取れた。しかしこれらは例外と見なすべきで、タテマエとしては僧尼の入場は禁止である。僧尼と服喪者の御所入場禁止を告知したのは町触である。

町触による皇室行事の連絡

江戸時代を通じて、京の人々には天皇即位式関連情報が伝えられていたのだ。それがわかるのは町触の存在である。江戸や上方、京のような都市では、為政者側から庶民へもろもろの事象を連絡・告知していた。それが町触である。伝達手段には、高札で掲示する場合と、町奉行から町年寄、家主、町人へと順に書面で回覧し、あるいは、口頭で伝えたりする場合があった。

町触の内容は、庶民の日常生活に関する伝達事項、たとえば消防・治安・風俗取締などが中心だった。捨て子・迷子・行方不明人・犯人捜しの連絡も多く、人相（顔立ち・体つき・骨格）から、着用中の衣服にいたるまで書き出し高札に貼って告知した。

京都の町触の特徴は、公家社会の生活の一端も披露されたことである。公家女性の出産が間近に迫れば、夜間、辻々の木戸門を開け産科医を通行させなさいといった個人的な事情から、高位の公家や女院たちの薨去や法事なども町触を通して庶民に伝えられた。天皇に関しても、即位式にともなう御所の修理から、天皇の重病や崩御も町触で告知された。たとえば即位式のために行われた御所の改修（第三章4節の「御所の修理や清掃」）や、天皇崩御とそれにともなう鳴物停止《なりものちょうじ》（楽器演奏の禁止）や三日間の魚店の商売停止などが町触で告知された。

弘化三（一八四六）年の初午に、仁孝天皇が重態に陥った。「仁孝天皇が重病である。来たる八日の初午当日と前日、稲荷社では大袈裟な行事をおこなってはいけない。御所近辺ではなおのことである。気をつけて静粛にしなさい。太鼓を打つのも遠慮するように。この旨を洛中洛外の町々申し伝えなさい。二月五日」という触が出た。翌日の町触では崩御を伝え、鳴物停止や魚店の商売停止を通達した。死後に贈られる名前を諡号《しごう》というが、「仁孝天皇」と諡《おくりな》されたことや死穢《しえ》にともなう忌避も、つぎつぎ町触で知らせてた。(2) これは天皇崩御のより多くの情報が庶民にもたらされた例である。

町触を通して、皇室関係の冠婚葬祭情報が庶民に伝えられた。洛中洛外の住民にとっては、禁裏内で起こるさまざまなことがさほど隔絶した世界のことではなく、身近な行事とおもわれたのも、このような町触情報が数多く出まわっていたからであろう。

天皇即位に関係する行事や連絡事項を載せた京都の町触は、『京都町触集成』（全一三巻）に収められている。元禄五（一六九二）年以降分から収載され、即位式に関する町触は、宝永六（一七〇九）年東山天皇の譲位と翌年の中御門天皇の即位式から、大嘗会は元文三（一七三八）年桜町天皇分から残されている。

まず宝永七（一七一〇）年一一月一一日の中御門天皇即位式からみていきたい。

　　口触
当十一日御即位候、火之用心之儀、先達而相触候へ共、年寄
家主無油断借屋等迄相廻り弥念入候様ニ、洛中洛外へ急度《きっと》可《あい》
相触者也《ふれるべきものなり》
　　寅十一月九日
（今月十一日は御即位執行日である。火の始末注意は、先に町触で
連絡してあるが、年寄・家主は借家などを念入りに調べておくよ
うに。この内容を洛中洛外に通達しなさい）

即位式で怖いものは火事であった。即位式に臨んで、厳重に取り締まったのが火の始末である。奉行所は、町の世話役である年寄や家主が地域の見廻りを監視し、即位式が無事に終了できるようにと通達した。対象は洛中（今の京都市中心部）と洛外（京都市外）である。

この町触にはつづきがある。

口触

明十一日御即位ニ付拝見ニ参候儀、僧尼并法躰之ものは不罷成候条、此旨洛中洛外江可令触知者也

寅十一月十日(3)

（明日十一日は御即位式がある。拝見に参るのはよいが、僧・尼・法体姿の者の来場は禁止である。これを洛中洛外に通達しなさい）

中御門天皇の即位式以前から庶民の天皇即位式見物が定着していたことは確かなのだが、ただ誰でも参観を許可されていたわけではない。それがわかるのがこの中御門天皇即位式を伝える町触である。大嘗会ほど厳格ではないが、天皇即位式も神事であるから、僧や尼、隠居し剃髪姿である法《ほっ》体《たい》姿の人たちが御所入場を禁止されたことが、町触から確認できる。

近世前期の天皇即位式に関係する町触は、簡単な告知程度で近隣住民の日常生活への注意事項にとどまっていた。時代がくだるにつれ、町触の内容がより具体的になり、即位式見物で御所（禁裏）入場する注意事項や詳しい式参観の要項が加わった。即位式見物心得や御所入場から見物までの手引きや説明も町触でなされるし、即位式見物人数の決定も町触で告知された。禁裏入場禁止にかんしても少しずつ規制が緩やかになってくる。以上が町触で伝えられた即位式見物のあらましである。次節では大嘗会や新嘗祭を含む町触の内容に注目しながら、天皇即位式を実行する側の対応と見物する側である庶民の行動や態度を明らかにしていきたい。

2　即位式での禁忌

鐘・鉦・銅鑼の音は禁止

大嘗会や新嘗祭は、深夜の静寂のなかでおこなわれる神事である。『京都町触集成』には桜町天皇大嘗会の触が残っているが、それより詳細な町触が、『妙法院日次記　第八』（京都妙法院門跡の坊官が日々の出来事を書き綴った日次記）に収められている。(4)

それによると、元文三（一七三八）年、桜町天皇の大嘗会では、御所より二里四方で鐘《かね》や鉦《かね》を打つことが禁止された。前回の中御門天皇の大嘗会の町触のときも警告しておいたのに、鐘を打つ寺があったようで、「急度可相止《きっとあいやむべき》」とか「堅ク差し控え候様《(ママ)》」といった強い口調で鐘や鉦を打たないようにと命じた。

寛延元（一七四八）年、桃園天皇の大嘗会のときも同様だった。「大嘗会の御神事中に出火した場合、早鐘を打つのはやむを得ない。けれども同じ鐘でも、仏事で鐘を打つのはいけません。注意しなさい(5)」とある。町家の法要には、故人の親族が集まり、逮夜《たいや》（法要の前夜）から読経をあげる。夜更けなら、二里四方以内（四キロ平方メートル）の鉦の音は、御所にまで届くかもしれない。そのようなことも配慮し、寺院の鐘撞《かねつき》や市中を練り歩く聖《ひじり》たちの打つ鉦も御法度となった。大嘗会の最中に仏事で鐘を打つのはもちろん禁止だが、火事の場合の半鐘《はんしょう》（早鐘）だけは黙認されたことが『妙法院日次記』からうかがえる。

大嘗会の見物は堅く禁じられていたが、それでも見たくなるのが人情というもの。町触は「来ル十七日、大嘗会被行候、勿論諸人拝見不相成候、此旨向々江可申聞候事　辰十一月十四日(6)」、つまり、「誰も見てはならぬ」と通達する。翌年の寛延二年の新嘗祭にも、大嘗会のときと同様、「誰も見てはならぬ」という町触が布告された。

口触

一　来ル廿二日新嘗会ニ付、廿一日朝六つ時ヨリ同廿二日朝六つ

時迄、御築地之内、僧尼法躰之輩往来停止之事

一　御築地之内、不浄之輩往来停止之事

一　火之元之儀、弥無油断裏借や至迄可入念事

一　来ル廿一日晩七つ時ヨリ同廿三日朝五つ時迄、洛中洛外寺院者勿論、町方共鐘鉦之音不致様可相慎候、尤法事執行候共穏便可仕事

一　諸勧進之僧尼等、鉦打候儀致間敷事

右之通洛中洛外へ可相触者也

巳十一月九日(7)。

（一　来たる二二日の新嘗祭実施にあたり、二一日午前六時頃から二二日の午前六時頃までの丸一昼夜、僧と尼、法体装束の人は、御所内紫宸殿前の南庭の築地内に入ってはいけない。

一　近親者が亡くなって服喪中の人も、入場禁止である。

一　火の元に注意し、裏店にいたるまで念入りに調べること。

一　来たる二一日の午後四時頃から二三日の午前八時頃までは洛中洛外の寺院はもちろんのこと、町方でも鐘の音を洩らしてはいけない。

もっとも法事の場合、鉦を叩くのはやむを得ないが、静かにするように。

一 市中勧進の僧や尼は鐘を撞いたり、鉦を叩いたりしてはいけない）

やはりというべきか、大嘗会や新嘗祭の様子をのぞこうとする不謹慎な輩がいたのである。大嘗会や新嘗祭を告知する町触では、神事をのぞこうとする人を禁止し、神事の当日、僧・尼・法体装束、そして服喪者の御所立ち入りを厳しく取り締まった。

寛延三年、宝暦元年の新嘗祭時にも、町触の内容は全く同じ。宝暦二（一七五二）年の新嘗祭を伝える町触では、前年も鐘の音が聞こえた。今年も聞こえたら、厳しく詮議すると警告した。(8)鐘・鉦の音にはとりわけ神経質だったようである。

明和元（一七六四）年、一一七代後桜町天皇大嘗会のときも、千本屋敷で早鐘が打たれたが、これは火事だったからという。出火時の半鐘は認めるが、寺院で鐘を撞くのは禁止である。心得違いをしてはいけないと、指示した。(9)執拗なまでの鐘禁止命令である。

神社仏閣の多い京の町のことであるから、四六時中、寺院から鐘の音が聞こえた。鉦を叩きながら、市中で勧進する僧尼や法体装束姿も多く見られたことは、想像に難くない。町家からは、日常的に朝夕勤行がなされ、読誦する声に合わせるように鉦が叩かれる。京の町は、日頃からこのような音で満ち溢れていたのであろう。

〈火〉と〈煙〉は避けなさい

中御門天皇のときは即位式のみが触で告知された。桜町天皇になると、五月二日の譲位の剣璽渡御、移徙行幸まで知らせている。この触については、先述の『妙法院日次記』が、「覚」としてより詳しく載せた。

「来月二日、譲位のための引っ越し行列がある。一日の暮六時《くれむつ》（午後六時）から二日の暮六時までの丸一日の間、京都の火葬場では火葬をしないように。卯四月」

つづいて、

「料理の火は慎みなさい。即位式当日は煮焚きものを自粛し、前夜に食事の準備をしておくように。大いに火を使う紅屋・茶染屋・菓子屋・粽屋《ちまきや》・餅屋・酒屋は、当日は休業するように。即位式当日、御所から予約注文を受けた菓子屋だけは例外である。洛外の瓦焼屋も商売を休みなさい(10)」

譲位・移徙行幸の前日に食事を作っておくこと、火を使う生業は、当日は休業すること、ただし、当日、御所御用達の菓子屋だけは商売に精を出しなさいという触である。さらに首を傾げるのは、火葬は一昼夜してはいけない、瓦は焼くなという伝令である。個人の生活や商売にまで立ち入った触である。

当時は土葬が主とおもわれがちだが、黒谷（京都市左京区）の金戒光明寺をはじめ蓮台寺（千本之上）・相坂（妙心寺）・阿弥陀峯（粟田口）に火葬場があった。そこでの火葬を禁止したのだ。町触で即位式当日の火葬禁止を通告したのはなぜだろう。

神事ゆえ死の穢れを忌むというのなら、土葬も禁止すべきだろう。だが、即位式当日の土葬禁止という町触は見当たらない。火葬禁止は死穢を忌避するためととれなくもないが、どうも違う。〈火の忌避〉は何を意味するのだろうか。

現代はスイッチをひねると着火でき、素早く調理できる便利な時代である。だが当時は火を熾《おこ》すだけでも手間がかかった時代。火を熾せば必ず煙が出る。瓦焼きや火葬も長時間煙を出し続ける。火事の心配があるのはもちろんだが、この手の煙を避けるべきだったのではないか。〈火にかかわる忌避〉というのは、火事を防ぐことだけではない。禁裏内での聖なる儀式に斎火《いむび》や煙は必要だが、俗・褻《け》・穢から生じた火や煙は不要である。むしろ避けるべきものと考えられたのではないか。

図序－3は新嘗祭の様子である。松明を用いて篝火《かがりび》が焚かれる。譲位節会や剣璽渡御は夜間の行事であり、同じように篝火や松明が必要であった。聖なる儀式の最中に、洛中洛外から俗なる火が紛れこむのは避けたい。神聖な天皇即位の儀を天皇家の祖先が在《いま》すとされる天上に謹言する信号である鐘・鉦の音や煙と、日常生活から発せられる俗なるそれらとが混濁することは好ましくないと考えられたのではないか。町触は大嘗会や新嘗祭の時はもちろんのこと、即位式当日の火や煙を厳しく取り締ったのである。

進む規制緩和

明和八（一七七一）年秋、後桃園天皇の大嘗会が執りおこなわれた。一一月三日、天皇即位式を諸社寺に伝達する役である由奉幣使一条殿（一条家家持侍・森沢兵庫）が、御所から吉田神社へ参向する。この大嘗会を伝える町触は、「参向の道順と、道筋の不浄物の除去、僧・尼・法体、並びに葬礼の往来差し止め、肥小便担桶の除去、辻々の石仏除去や囲い設置、表口に仏絵札類を貼らないこと」とある。神事にとって目障りな不浄物を取り除くことが要請されたのである(11)。忌中期間、神棚が穢れないようにと紙を貼って隠すという民間習俗がある。玄関に仏絵札類を貼るなというのも、仏教からの穢れを忌んでのことである。また御所近辺の芝居興行に三日間の休業が勧告されたのも太鼓や鉦の音に対する忌避であろう(12)。天皇即位式や大嘗会などに臨んで、庶民生活のこまごました点にまで口を挟む町触が布告された。これでは庶民も即位式に無関心ではいられないだろう。

ところで天皇即位式の翌日から二日間は即位式に使用した威儀物の展観があった。どんなときも、僧・尼・服喪者・法体者の御所入場は禁止されていたが、町触をみると、少しずつ緩和されていったことが知れる。

後桜町天皇の即位式からは、軽服《きょうぶく》（縁の遠い親族の喪に服すこと）の公家だけは見物してもよいことになった。

「本日、重服者は禁止だが、軽服者は南庭に入って見物してもよい。ただし宸儀への接近は遠慮するように。このような特別待遇を喜ぶべきである。なお軽服者が入門するのに、わざわざ当方に連絡するには及ばない」[13]。これは公卿野宮定晴の日記からの引用である。

またこの後桜町天皇即位式から、僧尼が即位式を見物することは禁止だが、展観だけなら入場してもよいことになった。このように見物人に対する規制が徐々に緩和されたことも加わって、後桜町天皇即位式の展観には、極寒にもかかわらず、大勢の人々が押しかけたのであった。

光格天皇即位式では「軽服者は入場を許す。ただし遠慮しながら廻りなさい」と、遠くからの拝見許可との規制はあるが、庶民の軽服者の入場も許可されるようになった[14]。式当日、火を用いる生業は相変わらず禁止だったが、即位式見物に関しては、後述するようにこれまで通り切手を所持した男性百人女性二百人が見物でき、そのうえ軽服でも許されたのである。翌日からの展観には切手札がなくても入門可能というのは従来通りだが、重軽服者や僧尼にかかわらずだれでも威儀物や調度品の見物ができるようになった。見物する庶民側にとっては、規制緩和であり大きな前進といえるだろう。

また光格天皇即位後の御代始の能では、官人や庶民にまで饅頭が振る舞われた。能見物にやってきた庶民へ饅頭を配るもてなしはそれまではなかったことだった。

また火に関する忌避も、享保二〇（一七二〇）年の桜町天皇の即位式では、「大いに火焼き候（火を多く使う仕事）」と、煙が多く出る商売の休業要請が町触で流されたことはすでに述べたが、真冬に実施された光格天皇即位式では、暖房用の炭火は黙認された。

つづいて仁孝天皇即位式の町触では、展観が許可された僧尼のための御所内の進行順路まで描きこまれた。一般が利用する日華門や月華門とは別に、左掖門と右掖門から入退場し、ずっと遠方から見物するようにとの指示である。このような特別な配慮は、仁孝天皇即位式が稀な大礼だからだと町触はいう(15)。即位式ごとに御所入場の規制が緩和されつつあった。

3　即位式見物入場券

切手が観覧券

桜町天皇即位式を伝える町触では、「即位式の間、騒がず、不作法がないようにしなさい(16)」と、行儀よく見物するように伝える。即位式では、見物人は騒ぐし喧《やかま》しかったらしい。しかし桜町天皇即位式見物には、観覧券に相当する切手札携帯が義務づけられていた。町触は「今回からは、即位式拝見に切手札が必要である。切手札を持って男性は御台門から、女性は日御門から入ること。切手がなければ入場はできない」と勧告した[17]。桜町天皇即位式以降、天皇即位式見物を知らせる町触には、必ず切手札の携帯が明記されるようになった。

もちろんそれには前代の東山天皇即位式の御代始能に庶民が殺到して惨事になったこと（第六章2節参照）が大きく影響している。そのほか式会場の整備にも目が行き届くようになってきたことも大きい。享保末期から元文にかけては、吉宗の支援など幕府側からの援助も確保され、桜町天皇即位式と大嘗会が円滑に進行できた。その経緯のなかで観覧券を発行するなどして即位式の警備態勢も怠りなく準備されるようになってきたのだろう。

ところで切手札については謎が多い。発行元は一体誰なのか。切手は有料か、それならいくらなのか。それとも無料だったのか。無料ならばその切手の入手方法は何なのか、といったさまざまな疑問が湧くのだが、これらについては、はっきりしたことはわかっていない。

男百人、女二百人が集合

延享四（一七四八）年九月二一日の桃園天皇即位式を伝える町触からは、入場人数の内訳まで明記されるようになった。

一　即位式当日は男性百人、女性二百人は観覧入場券にあたる切手札持参のこと。日御門から入退場できる。なお僧尼、服喪者は御所内入場を慎むこと。

一　当日、南門（承明門）が開いていても往来禁止である。

一　二二日と二三日の御所拝見は午前七時頃から午後五時までに入ること。両日は切手札がなくても御所内出入りは自由。日御門から入場し四足門から退出せよ。

一　すべての門のうち、清和院口、堺町、中立売、今出川の門を通って入れ。それ以外からは固く禁じる。天皇即位式の日は、歩行が難しい老人や子どもたちの見物はもちろん禁止である。万一見物したことが露見すれば、後日、奉行所から呼び出しがあり罰せられる(18)

入場者は三百人、内訳は男性百人、女性二百人である。内裏の南庭は東西二一間、南北一五間で、今の数値で東西約三八メートル、南北二七メートル、テニスコートなら約三面分、都会の小学校の少し狭い校庭ぐらいであろうか。三百人以上の見物人が禁裏内南庭に屯《たむろ》すれば、騒がしいだけで式進行にも障害がでるのではと危惧したのかもしれない。庶民の見物人としては三百人程度がふさわしい人数と考えたのではないか。

でも、どうして見物客が男性は百人で、女性は二百人なのだろう。

上方では、戦前まで、裕福な商家の娘たちが京都の元公家宅で結婚前の行儀見習いをする慣行《ならわし》がみられた。のちにもふれるが、おそらく公家衆と富裕商人層との関係は江戸時代中頃からあったはずである。天皇即位式を観覧するための切手札が富裕層の娘たちの実家へ配られたと考えられないだろうか。それとも御所内に勤める女官関係の縁故者へ配られる場合もなかったとはいえまい。いずれにしても女性の見物人数が男性の二倍というのは、興味深い。

4 庶民見物の実態は？

明正天皇「御即位行幸図屏風」の見物人

繰り返し述べてきたように、天皇即位式を見物する庶民の姿は、宮内庁所蔵の明正天皇「御即位行幸図屏風」（口絵二〜五頁）と「御譲位図式」からより明瞭にうかがい知ることができる。

明正天皇が即位した寛永七年頃は、庶民の動静を知る手がかりになる町触の記録が残されていない時期で、公家日記などから僅かに知り得る程度である。「御即位行幸図屏風」を参考に、庶民の即位式見物の動静を観察してみたい。

儀式に参勤する公家たちは一様に同じような格好をし、おしなべてのっぺりとした顔つきで描かれる。一方、見物する庶民は老若男女取り混ぜ、活気に満ちた表情である。近世前期の庶民風俗を観察するうえでも重要な絵図ということがわかる。

時節は晩秋旧暦九月一二日。穏やかな小春日和のようである。庶民の見物席は、禁裏内の南庭内で、紫宸殿からは少し離れている。具体的には、左近の桜付近と日華門を挟んだ場所、南門（一般的には承明門が正しいが、明正天皇即位式の時、承明門は焼失。この時は南門しかなかった。）を挟んだ築地塀の辺り、それに月華門付近の三ヶ所である。

入場できない僧侶や法体も

僧服姿で即位式を見物する人物も何人かいる。平安末期の安徳天皇即位式では、服喪者や僧の見物が禁止されたことは何度も述べた。この屛風図には、僧とおぼしき人物がおそらく一四名見られる。袈裟をつける者、帽子《もうす》姿（僧侶がかぶる一種の頭巾）、頭巾《ずきん》姿の者、髪を剃った姿が描かれる。剃髪した庶民でいわゆる法体《ほったい》姿も含まれる。法体は家督を譲って仏門に隠遁した男性のことである。儒者や医者も法体姿である。

とくに注目したいのは、左近の桜の前に陣取る僧である。裹頭姿《かとうすがた》で顔に扇子をかざし、紫宸殿内を眺めている（口絵六頁）。裹頭は僧服のひとつで、頭と顔を包んで目だけ出す特異な頭巾のことである。履物も周囲の見物衆に比べ良質で、隣に小姓をはべらせている。忍びで見物する高位の人物に見え、徳川家康を想起させる。しかし、明正天皇即位式の寛永七（一六三〇）年には、徳川家康はすでにこの世にいなかった。家康が参観した後水尾天皇即位式を描くネルソン美術館所蔵版には、徳川家康の姿は描かれていない。ひ孫にあたる明正天皇の「御即位行幸図屏風」に描きこんでいる。意図的なものか、それとも絵師の発案によるものなのか。

そのほか、この屏風図では紫宸殿前に陣取り、紫宸殿内を眺める僧が一人、日華門の前辺りに柿色の帽子姿の僧が一人、同じく六人並ぶ外弁たちの後方で首に帽子を巻く僧が二人、内侍所《ないしどころ》の前に座る袈裟姿五人とその右方に僧一人、軒廊には袈裟をつけた僧が二人、承明門と築地塀に沿って二人が座る。なかの一人は法体姿のようにも見える。(19) よく見ると、南庭のあちこちで僧服姿を目にする。おおやけには禁止のはずだ。しかし僧侶も即位式見物にやって来たことは、後光明天皇即位式について記した鳳林承章の日記からも明らかである。

紫宸殿内から見物

この屏風図では、見物人は、男性より女性の方が断然多い。明正天皇即位式のときに見物した人数は、現在のところ記録されたものが見当たらないので、正確な人数は不明である。それでも女性の見物人数が多かったことがわかる。女性の多くは被衣《かずき》をかぶっている。

被衣とは、外出用に顔を隠すために頭から被る布である。中世以降は公家女性だけではなく、武士階級の女性も被った。後水尾天皇の近臣で陰陽家の土御門泰重《つちみかどやすしげ》は、明正天皇の即位式に女房たちが被衣を被っていることをわざわざ書き留めている（『泰重卿記』）。問題なのは、禁裏内の女官ばかりでなく、庶民階層も被衣を着用していることである。被衣で顔を隠しているから、階層の区別がつきにくい。

御所に勤める女官かそれとも庶民の女性かを識別する手掛かりは、見物席の位置であろう。被衣姿でも、築地塀の辺りに座っている女性はすべて庶民であるといってよい。なにも被らないときでも手ぬぐいのようなものを頭にのせた女性も庶民である。腰の曲がった姿、杖をつき手を引いてもらう姿、白髪姿、この三人の老女も見物人である。余談ながら入場禁止の尼でも、頭と顔部分を覆った被衣姿ならば、入場が可能だったのではないかという穿った見方もできる(20)。

紫宸殿前廊下の簀子縁《すのこえん》と階《きざはし》に座る人で女性と識別できるのは一三名。全員が被衣で顔を覆う。このほか日頃、神器や御物が保管される内侍所の前の簀子縁あたりにも、一二名の女性が識別できる。彼女たちも被衣姿である。紫宸殿内や内侍所前に侍る女性たちが庶民階層の女性とは考えにくい。これらの席は女官や公家の細君や姫君たちの観覧席だろう。見物席が簀子縁か廊下か、見物席の位置によって階層の差別化がはかられたことは確かだろう。とはいえ庶民のなかでも、即位式関係者と強いコネがあって、庭上以外で見物する特別待遇に浴した女性も存在したはずである。

幢をゆらす腕白小僧

庶民の見物席は左近の桜から日華門にかけてと、承明門と南庭築地塀のあたりで、地面に座っての見物である。そのまわりを見渡せば、子どもが見つかる。四人だ。日華門から内侍所までの軒廊《こんろう》近くに被衣姿の母に手を引かれた幼児一人、日華門近くで下級武士の風体の男と手をつなぎ話しかけている子ども。庶民観覧席に群がる人々のなかに立つ子ども一人。そしてもう一人。南庭の中心部分に並立する烏形・日像・月像・青龍・朱雀・白虎・玄武七本の幢とそれらの両脇の左右に纛幢《とうばん》(先端に黒色の毛をかぶせた幢)がならぶが、向かって右端の纛幢を握り、上を向く男の子が見える(口絵六頁)。あるいは纛幢を揺らそうとしたのか。隣に母親とおぼしき女性がいるのだが、息子の悪戯には気がつかない。纛幢以外の七本の幢の前には、紋つき直垂姿の武士が一人ずつ座るが、誰もこの男児には目もくれない。子どものいたずらを注意する者もいない。即位式の最中に、こんな子どもの行動が黙認されることに驚かされる。ネルソン美術館所蔵「御即位行幸図屏風」にも、式の最中寝そべっている子どもの姿が見える。

有名な『北野天神絵巻』には、菅原道真の館前に牛車が二台止まり、子どもがその轅《ながえ》(牛車の前方に長く伸びる二本の木)にぶら下がって逆上がりをしている箇所がある。牛車すら遊びの道具に変える子どもの発想は微笑ましいが、周りの大人たちは気にもかけず、叱るふうでもない。

日本文化の特徴として、子どもの天真爛漫さや悪戯を大目に見る風潮があることはよく指摘される。左隻の行幸図にも見物用の柵の上を子どもが乗って遊ぶ光景が挿入される。それでも、今は天皇即位式の最中ではないか。こんな悪戯の情景を描き入れる懐の深い絵師に喝采したくなる。

胸をはだけた女性

あられもない姿の女性が目に飛び込んでくる。

まず乳房のあらわな女性が二人見える（口絵六頁）。一人は胸をはだけているが授乳中かどうかははっきりしない。もう一人の女性は確かに乳児を抱き授乳中だとわかる。式の最中に赤ん坊が泣いたので授乳を始めたのだろう。

現代の女性なら、人前での授乳は恥ずかしいことである。いわんや天皇即位式のさなかに授乳など到底ありえない。だが当時は、乳児が泣けば授乳するのは至極当たり前で、公衆の面前で授乳は恥ずべき行為ではなかったのだ。絵師が屛風図に描きいれたのも、非常識な情景ではなかったからだろう。

左近の桜の付近で、被衣姿の女性五人が重箱を囲む。食事中であろうか。それとも談笑しているのだろうか。授乳中の女性の横隣りの女性の傍にも重箱と酒器が置かれている。

庶民の見物席は、南庭と紫宸殿からだいぶ離れた月華門―承明門（南門）―日華門にそった築地塀付近である。即位式は半日の長丁場だ。酒を酌み交わしながら即位式開始を待ったのである。

このように描かれる庶民の見物態度や情景からみてとれることがある。

それは見物する庶民にとって天皇即位式は、芝居に興じるのと同じく遊楽のひとつではなかったかということである。

寛永期からおよそ百年後の延享四（一七四七）年、桜町天皇譲位後、桃園天皇が即位し、移徙行列（即位のための行幸）実施の際、行列を見物しながら弁当を食べてはいけないという町触が出た（一七五〜一七六頁参照）。もちろん、食べる人がいたからだ。静粛であらねばならぬと我々が常識的におもっている行幸や天皇即位式でさえも、近世庶民から見れば物見遊山に近いものだったことが、町触からも読み取れる。

一般公家たちの見物

公卿たちはかれらの着用装束から、当日、式に参列して職務を担当する公家と、即位式を参観（見物）する公家の二つに分類される。

見物する公家衆は、右近の橘に近い紫宸殿内部や横の軒廊にかたまって座る集団と、儀式に参列する公家たちを囲むように南庭内の周囲に陣取っている集団である。

彼らを〈式参観の公家たち〉と判断したのは、衣冠《いかん》姿（ベルトにあたる石帯や床を引きずる裾がなく、だぶだぶした袴〔＝指貫〕を穿く）や直衣姿（図3－7）だからである。

これらは、ともに公式の儀式でも認められた朝服ではあるが、即位式や大嘗会・新嘗祭などの重要な儀式参列では着装しない装束である。束帯（石帯を結び、ズボン型の表袴を穿き、裾を付ける）（図3－8）のみが、重要な儀式での正式な装束と定められている。すでに参勤する公家たちは礼服御覧の日があって、束帯と、大袖と裳を着装する文官や武官たちのいわゆる唐風の装束については検査済みである。つまり、衣冠や直衣姿の公家は、見物にやってきただけなのだ。

このほか、狩衣姿（動きやすいように左右の腋があいた略服。図5－1）で烏帽子をかぶっている者とかぶっていない者、直垂（図5－2）を着て折烏帽子《おりえぼし》をかぶっている者とかぶらない者、若者とおぼしき水干《すいかん》姿（狩衣をより簡素化した衣服）、裃袴《かみしも》（小袖の上に肩衣と袴を着けた姿で礼装）、肩衣だけ

図5－1　狩衣（『故実叢書 装束着用図』より）

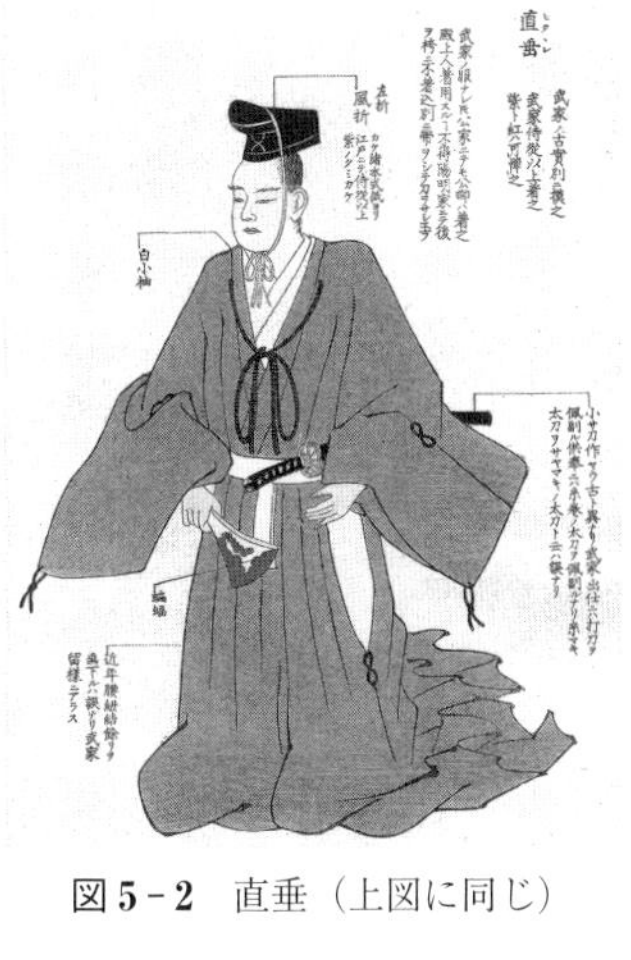

図5－2　直垂（上図に同じ）

図５－３　蓬髪の男性（「御即位行幸図屛風」右隻，紫宸殿左階簀子縁，床下部分）

を着ける者たちが交じる。白色の烏帽子・狩衣姿が多いが、これは白丁《はくてい》や舎人《とねり》といった官位の低い雑人で、傘や沓《くつ》などを持って行幸行列に付き従ってきた人たちである。

直垂姿は武士である。京都町奉行配下の者たちで、警固のため、ここにいるのだろう。そして、裃袴や肩衣のみの姿は、庶民の男性だと識別できる。なかにはわずかだが肩衣をつけない男性も見うけられる。これも一般庶民である。

紫宸殿西の階《きざはし》の下には、欄干内の着飾った公卿たちとは異質の風体が目にはいる。一人はもじゃもじゃ頭の若者で、筵《むしろ》か傘のようなものを携え床下に陣取る（図５－３）。髪を結ったもう一人の男、ともに浮浪者と見紛う。二人の衣服には色彩が施されていない。狩衣か、水干姿にも見えるので、即位行列に付き添った白丁かもしれない。疲れて休息中といったところだろうか。

5　後桜町天皇即位式の場合

天皇のすがたは確認できたか

宸顔は、庶民の見物席からはっきり見えたのだろうか。

庶民側からのおそらく唯一の資料になる岡國雄の『調度図』から探ってみたい（『調度図』については九四頁で紹介した）。

岡國雄は『調度図』のなかで、図書・主殿・賛者の礼服について、『八槐記』と同様、同じ職掌でも礼服の色が違うことを指摘し、大将代が首にまく涎掛《よだれか》けタイプの肩当が、式当日は従来とは異なって曲領《きょくれい》であったことを挿絵で示した。これらは実際に見物しなければ判別できない服装の相違点であり、彼の観察眼は正しかった。しかし岡國雄の描く後桜町天皇の冕服は、赤色袞龍御衣であり、冕冠も男帝用の玉冠で女帝用の宝冠ではなかった。よく観察していたはずの岡國雄でさえ、女帝装束の色を白と識別できなかった。なぜだろう。

即位式のクライマックスは皆が天子を拝顔し頭を垂れる場面なのだが、これが一瞬で終わることに原因があるかもしれない。

その場面とは、執翳女孺《はとりのじょじゅ》が翳《さしは》をおろし、今まで隠れていた宸顔が高御座からちょっと出るだけで

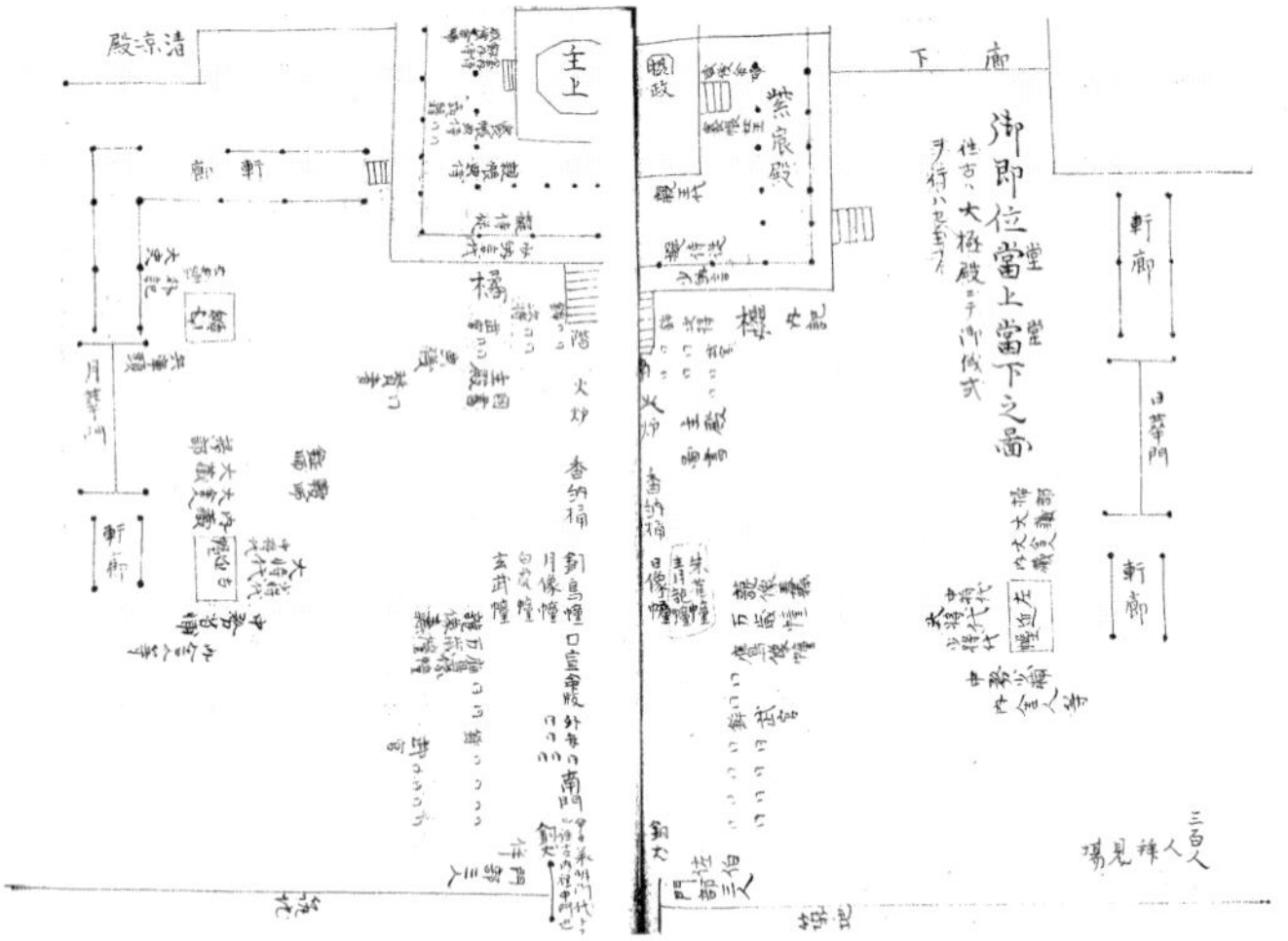

図5-4　三百人拝見場（『御即位庭上幢鉾調度図』より）

ある。しかもそのときは、参列者全員が顔を伏せる。したがって、宸儀（天皇の姿）全体をはっきりと眺めることは難しかったのではないか（七二〜七三頁参照）。

とりわけ、庶民の見物場所は紫宸殿から遠くから離れた南門（承明門）からつづく築地なのだ[21]。そこからでは、顔を伏せなくとも、紫宸殿内の宸儀や冕服を明瞭に識別するのは難しい（図5-4下端）。見物衆は、香煙や太鼓や鉦の音からようやく即位式の終了を判断したこともあった。宸儀の全身像もおぼろげしか見えないのではないか。

それではどうして岡國雄は女帝後桜町天皇の装束を男帝装束の赤色で示したのだろうか。

現在、古書市場に出回った即位図で、江戸後期のものは享保期以降の即位式の規範となった桜町天皇の写本とことわっているものが多いことは、即位図のところで説明した。岡國雄は自著のなかで、流布していた天皇装束関係の図像のうち、特に男帝である桜町天皇の衣装を参考に写したと明記している。女帝の出現自体が非常に稀なことであり、「皇帝装束は赤色」という予備知識が判断を誤らせたのではないか。

泉涌寺には近世の男帝の肖像画がすべて残されている。また後水尾天皇の正室で皇后だった東福門院の肖像画も残されているが、女帝二人の肖像画は公表されていない。明治以降に発行された肖像画（図5－5、5－6）も、どうも実像とはおもわれない[22]。いずれにしても、庶民の見物席からでは、宸顔はもちろん女帝装束もはっきりと見えなかったというのが、本当のところではあるまいか。

図5－5　明正天皇肖像
（「大日本神皇御影」より）

図5－6　後桜町天皇肖像
（上図に同じ）

雪のなかの即位式

宝暦一三（一七六四）年一一月二七日は、後桜町天皇の即位式当日だった。六日前から強風が吹き、前夜からは雪が舞った。翌朝は一面の雪景色で、式の開始は予定より遅れた。そんな悪天候をもろともせず見物衆が詰めかけた。

野宮定晴卿は「雑々女人等居南築垣辺見物、其数二百人許云々[23]」と、女性の見物人の数を明記している。『定晴卿記』は見物人数を具体的に表記した公家日記の初見である。町触以外からも、女性二百人の見物の裏付けがとれた。また見物人の総数が計三百人というのは、岡國雄の『調度図』に描きこまれた「三百人　人拝見場」の文字からも確認できた（図5－4右下）。

これに続いて定晴卿は、「南庭は武士から下級官吏、庶民などの見物人で混雑した。私はしっかりと見ていたのだが、進行状況がよくわからなかった。天皇がお帰りになったので即位式が終わったことを知った。近衛次将たちの動きは見えなかった[24]」とも書いている。公家の見物席からも、即位式の様子がほとんど見えなかったことが知れるのである。

おびただしい見物衆のなかでゆっくり即位式を拝見するのは至難の業であった。周囲の人たちに静粛を促す先払いの声、これを警蹕《けいひつ》というが、近衛次将の発するその声もかき消されて聞こえなかった。鼓や鉦を打つ音、焼香の煙などの合図でそろそろ終盤だと知り、新天皇が紫宸殿から出御したので、即位式が終了したと気づいたのであった。

そんな騒然とした雰囲気で即位式が進行する。丁度宣命使《せんみょうし》（祝詞を読む役）が、練歩《れんぽ》という朝儀特有の非常に緩慢な歩行の最中に、一人の武士が紫宸殿の西階をあがった廊下（簀子《すのこ》）付近で武家との連絡役をしている姉小路前亜相《あねこうじさきのあしょう》(25)の束帯の袖を引っ張って邪魔をするのを定晴卿は見てしまった。「このような理不尽な武士の振る舞いは今に始まったことではない。道理をわきまえた人だけに見物許可を与えるべきだ」と慨嘆している。武士はおそらく警固の一人であろうが、定晴卿には不謹慎な行動と映った。こうしたことからも、天皇即位式が水を打ったような状態で進行したとは全く想像できないことがわかる。

老女の特別見物席

上方の行儀見習奉公については先述したが、岡國雄の母親もそのような境遇の女性だったのかもしれない。その縁故を頼って、岡國雄親子は即位式を見物する僥倖に恵まれた。宝暦一三（一七六三）年一一月二五日の夜、大坂天満から淀川を上り二六日朝、京都伏見に到着。門跡（皇族・貴族が住職を務める特定の寺院）のひとつ、梶井家に縁ある川口寿明宅に逗留した。

前夜からの雪が即位式当日も降りやまず、都大路をおおった。往来する人々は、この大雪は御代が豊かになる前兆と話しあった。岡國雄も、天皇即位式が清浄な雪で清められ、「つきづきしい」雰囲気を醸しだすと高揚した気持ちを文に綴った。國雄には南庭に飾られた四神旗や龍像の旗、式に参列する公卿の装束などは唐の真似で常ならぬ珍しいものであり、紫宸殿側南の玉敷の庭に栄え輝き神々しくおもわれた。また式の最後に図書が香を燻し、公卿たちが再拝舞踏し萬歳を唱えた場面では感激した、と述べている(26)。

行儀見習いの縁か、女官や門跡院に強力な知り合いがいてその紹介からなのか、岡國雄の母は築地の地面ではなく、通常は庶民の拝観できない場所である南の階で見物できた。積雪もあり、ひどく寒い日であったから、縁故ある老女には、そのような特別待遇も得られたのであろう。母は合掌し即位式の一部始終を見届けた。

岡國雄は、「いかなる宿世からの契りがあって、前世から決められていたのだろうか。このような機会に巡り会えたことは不思議であり、有難い。大坂に帰っても今日の天皇即位式のことは忘れまい」とまで書き記している。

天皇即位式を物見遊山のように楽しむ人もいれば、岡國雄親子のように、感涙にむせびながら一部始終を見守る人もいた。このように南庭では庶民のさまざまな見物模様が繰り広げられたのである。

御所の外からも見物

鹿苑寺の住持鳳林承章が憤慨した後光明天皇即位式でのことである。

高御座に鎮座する天子を拝見するという、ここ一番の見せ場が過ぎると、即位式も終盤に近づく。

香炉（香の入った筺《はこ》と火炉《かろ》）が南庭の中心に置かれてあり、図書《ずしょ》（補助役）が天に向かって香を燻べる。香煙が空高く昇ると、遠くからでも、即位式が終わりだとわかる。ところが今回の煙は、「今日香爐臺高踏物焚香庭上程遠見物群衆不分明」(27)だった。つまり南庭後方の庶民の見物場所からは、煙がはっきり見えなかった。

紫宸殿のなかからや紫宸殿前の階段あたり、庭上でも日華門近くといった公家や女房たちの見物席からは、煙は見えただろう。だが同じ禁裏内南庭でも承明門や築地近くの庶民の見物場所からでは、遠くて煙が見えなかった。

だが、この説明からわかることがある。

それは、即位式を実際に見ることができなくても、間接的に進行状況を知ることが可能だったということである。つまり築地塀の外や御所の外からでも、南庭から聞こえてくる鼓師と鉦師の打ち叩く太鼓と鉦の音に耳を澄ませ、薫煙が天上へ昇るのを見れば、天皇即位式のおおよその進行状況を知ることができたはずである。御所内に入場できなかった人々は、そのようにして即位式の様子をうかがっていたはずだ。もちろん、なかには、鳳林承章のように即位式見物がかなわず空しく帰る人たちもいたことだろうが。

『本源自性院記』『後光明院御元服即位等記』など公私にわたる公家日記や日次記では、後光明天皇即位式の様子を細部まで記した。そこでは御所内はもちろん、御所の外にも庶民がたむろし、即位式の動向を垣間見ようとしていたことがうかがい知れる。切手がなくても、見物したいとおもう庶民は大勢いたに違いない。このような光景は後光明天皇即位式だけではないはずだと推測される。

第六章　朝廷行事を見物する庶民たち

1　調度品・威儀品の展観

展観は入場券不要

即位式翌日からは、即位式を飾った調度品・威儀品展観が二日間つづいた。この展観では切手札がなくても御所内へ入ることができた。

紫宸殿内の高御座をはじめ、南庭には展示調度品や幢《ばん》などの威儀物が並ぶ。威儀物の形状や配置位置は口絵一頁や図3－3、3－4が参考になろう。調度品は、内弁幄《あく》（幄は天幕のこと）・左近幄・右近幄に兀子《ごっし》・床子《しょうじ》・胡坐《あぐら》などの腰掛け類（七二頁参照）、供物類を置いた机や容器類などである。威儀物は幢鉾《はたほこ》類があげられる。纛幢《とうばん》（九四頁、一四四頁参照）の間に七本の幢が並ぶ。内訳は中心に銅烏《どうう》（烏形幢《うけいとう》）、これを挟んで東に順に日像、朱雀、青龍、西に月像、白虎、玄武の図を描いた幢が対照的に配置される。東側には篆書《てんしょ》で「萬歳」の文字幢、鷹幢三本、鉾《ほこ》（小幡）五本が立ち、西側にはこちらの方は楷書で「萬歳」の文字幢、鷹の図の幢三本、鉾五本が立つ。合計二七本がコの字型に配置される。一番の見物《みもの》は、前日の即位式で新天皇が鎮座した玉座である高御座であったことはいうまでもない。

展観見物が町触に掲示されたのは、桃園天皇からだった。公家日記はすでに桜町天皇の展観のことを載せていたから、それよりもっと早い時期から実施されていたのだろう。即位式翌日から二日間実施される威儀物と調度品の展観に切手札は不要だったから、南庭は見物人であふれた。もっとも僧尼の入場拝見が禁止だったのもいつも通りである。しかしそれも桃園天皇までで、後桜町天皇からは僧尼の入場が許された(1)。

洛中ばかりでなく、近郷からも老若男女が調度品や威儀物の見物にやって来た(2)。入場時間は午前七時頃から午後五時頃まで、東の日御門より入場し、西方の四足門から退場する。展観順路を東から西への一方通行にしたのは、混乱を避けるためである。

老人の迷子

展観日の雑踏のなかでは、迷子も多く出たことは想像に難くない。子どもだけではない。大人も迷子になった。次に示すのは桜町天皇即位式翌々日の町触である。

「昨日、御所内南庭築地内で、身元不明人が発見された。年のころ五〇歳余り、坊主姿で、着用する衣服は表地紬、裏は茶色の小袖、藍色の絹袷羽織である。怪我をしている。見張り番をつけ今出川の河原に待機させてある。心当たりの者は確認し、申し出れば引き渡す。十一月五日」(3)

展観日初日の四日。見物人同士の喧嘩か、それとも雑踏のなかで圧《お》されたのか、怪我をした老人がいる。五〇歳余りは、今なら七〇歳ぐらいの風貌ではないか。隠居身分らしく剃髪し、法体《ほったい》姿である。法体姿は入場できなかったはずだが紛れ込んだのであろう。着衣衣類から裕福な老人と知れるが、もしかして認知症の老人ではあるまいか。

天皇即位式拝見に、調度品見物に、御代始観能にと、御所へ押しかける庶民の熱気は凄まじかった。老人や子どもは、即位式当日の見物はもちろんのこと、翌日以降の調度品見物も禁止されていたが、そんなことはお構いなしでやって来た。怪我人や迷子がでても少しも不思議ではなかった。寒さも、もちろん平気である。

後桜町天皇の調度品・威儀物展観は、旧暦一一月末、雪の積もった極寒日であった。見物の女性は小袖の上から被衣をかぶっていた。男性の正装は裃着用が義務づけられていたが、肩衣《かたぎぬ》着用のみも許可された。普通の羽織袴姿の男性も大勢混じっていた。

野宮定晴卿の日記によると、南庭にはおびただしい見物人が固まって動かない。定晴卿も参内後、威儀物・調度品を見ようとしたが、あまりに大勢の見物衆だったので何も見ることができなかったという(4)。

大和国高市曽我村（現在の奈良県橿原市）の村長、堀内長玄とその一行が、浄土真宗の宗教行事を兼ねて即位式の見物にやってきた。長玄は式翌日の調度品・威儀物を展観した印象をこう認めた。

「四月二八日、天子様（後桃園天皇）の即位があった。そこで二六日から京都上京。本山の特別行事の逮夜《たいや》に参加した。二八日は朝から北山御坊（親鸞聖人の旧史跡）へ参り、二九日は御即位式のあった禁裏様を拝みに行った。日御門より入場して、紫宸殿の高御座や幢などの調度品を見物した。まるで唐土玄宗皇帝の写しのようだ。日本では並びなき聖徳太子の御即位もこんな風だったろう。皆、有り難くおもった(5)」。

逮夜は法要のある前夜のことである。御所見物は「禁裏様を拝みに行く」と言い、見物の感想を「有り難くおもう」と記したのである。史実にないことも混るが、当時の人々が等しく感じた素朴な信仰心の表れだろう。明正天皇即位後、女官たちが駆け寄って天皇を伏し拝んだことや、後桜町天皇の即位式見物を、手を合わせて眺めた大坂の老女などの話などは先に述べた。庶民にとっては天皇即位を素朴に畏敬するというのがごく普通の感情だったと理解されよう。

堀内長玄も出かけた二日間にわたる後桃園天皇の展観には、京都近郷や遠方から老若男女が禁裏へ殺到した。だが孝明天皇の展観では、死者が出てしまった。

即位式を拝見できなかった人々が翌日からの展観に雲霞《うんか》のごとく殺到し、御所に入る車寄辺りは身動きできなかった。孝明天皇即位式当日は小雨、展観日の二四日、二五日は晴れだった。ことさら見物人の数は膨れあがったのだろう。朝の六時にはすでに見物人が殺到しており、御所内南庭を歩き回った。

二四日は、「今明日自卯刻申刻雑人拝見庭上南殿庭上御即位御調度、終日群集不可蛸者也、怪我人彼是有之、老婆一人落命之由、風聞笑止笑止々々（今日と明日は午前六時より午後四時迄、一般の人々は御所内南庭上に展示されている御即位調度品を拝見できた。終日群衆でごった返した。何人か怪我人が出た。老婆が一人亡くなった。噂になっている。やれやれ気の毒なことであるよ）」という状況で、見物人で溢れかえり、老婆が死に怪我人が出た。二五日もやはり怪我人が出て、前日と変わらない光景が展開された(6)。

歴代の天皇即位式後の展観は、庶民の好奇心を大いにくすぐったことは言うまでもない。この機会を逃さず、御所の内部をのぞきたい、即位式にはどんな威儀物や調度品が並んだのだろう。「見たいものだ」という庶民の素朴な関心は大いに刺激された。現代風にいえば、人気イベントになったということだ。もっとも警備にまで手の廻るはずもない。それでも怪我人や死者が出ようが懲りなかった。人々の好奇心はとどまることはなかった。即位式には謹厳な姿勢で拝む人もいれば、弁当持参で終日楽しもうとする人もいる。一見矛盾しているようにもみえるが、天皇への素朴な畏敬の念と一大ページェントへの好奇心はともに庶民が有する意識といえまいか。

2 御代始能

御代始能の復活

庶民に御所南庭の入場が許された行事は展観だけではない。天皇即位式が済んでしばらくしてから実施される御代始《みよはじめ》能の観劇も許された行事であった。ふつう能は将軍の代替や各種の祝儀のたびに催されたのだが、この御代始の能も新天皇を祝してのことだった。庶民が見物可能な朝廷の儀式のひとつだった御代始の能は、室町中期の後土御門天皇以来絶えていた。

江戸時代、明正天皇即位のときから御代始能が復活した。ただこのときから庶民に能見物が許されていたかどうかは不明である。庶民見物の存在が確かめられるのは、東山天皇のときからで、即位式から二カ月後の貞享四年六月二六日と二七日の両日にわたって、御代始の能が興行された。

この御代始能については、近衛基熙《このえもとひろ》の『基熙公記』やその妻品宮常子《しなのみやつねこ》内親王の『无上法院殿《むじょうほういんでん》御日記』に詳しい。近衛基熙と常子内親王については、東山天皇即位式を記した第二章2節の「東山天皇」の項で紹介済みである。二人の書物には天皇即位関係の記事も多く、能次第はもちろんのこと、見物する公卿や女房たちの様子、それに庶民の能見物事件のことも記されている。

それによると、譲位した本院（明正院）・新院（霊元院）はじめ、女院・女房・女官が大勢、能を楽しんだらしい。近衛基熙は初日、午前八時頃に参内し、終日鑑賞し、終わり二番の伝九郎が演じる「是堺」と、八郎兵衛演じる「海人」は観劇せずに帰った。

基熙は翌日も午前七時頃参内し、終日能を見物して、夕刻に退出した。そこで見聞きした見物衆の様子を、「庭上雑人見物如雲霞、入御門之程、倒死者数多、半死半生不知数云々、不可説々々、不便々々、後聞於御門内人多死、雖然不及触穢沙汰、尤不快之事也（能を見物しようと雲霞の如く集まった人々は門に殺到し将棋倒しになって多くの人が亡くなった。重軽傷者は数知れない。不憫なことだ。死穢が発生したが、神事を慎むほどのことではない。それにしても不快なことだ）[7]」と報告した。

一方、妻の品宮常子内親王の日記の三〇日の条では、

「廿六日の御所の御のふけん物ことの外ぐんじゆにて、をしたおされ、けがするものかずしらず、其まま死するものも有、またかへりて一両日、五六日有死するものもあり、中々いたいたしき事ども、ついにき、もおよばぬ事也（二六日の、御所で開催される能を大勢の群衆が見物しようとやって来た。南庭はぎゅうぎゅう詰め状態だった。押し倒されて、怪我をする者が続出した。負傷者数は不明。圧死者も出た。重態の人も数日後に亡くなっている。なんと痛ましい惨事であることよ。前代未聞だ）[8]」とある。

このように、御代始能見物に殺到した庶民の様子が手に取るようにわかるのは、最上流階層の夫

婦がそれぞれの立場から書き留めていてくれたおかげなのだが、基熙は庶民が亡くなったことより、死穢による御所の穢れを気にしている。出自が五摂家筆頭の近衛家であり、関白職も経験しており朝廷内のまつりごとに無関心ではいられなかったからであろう。一方、妻の常子内親王は仮名文字で圧死事件の痛ましさを女性らしい感情で記している。

鑑賞券発行後の御代始観能

御代始能に見物衆が殺到し、多くの怪我人や死者が出た。近衛基熙の発言通り、禁裏での死穢は忌避すべきことだろう。それなら殺到する見物人数を制限すれば解決するかもしれない。そこで、桜町天皇即位式から始まった入場券代わりの切手札を、この御代始能にも採用することとなった。入場券を持参しないと御代始の能が鑑賞できなくなったのは、一一六代桃園天皇即位からである。延享四（一七四八）年一〇月二六日と二七日の二日間に実施された御代始能には切手札を持参しないと御所内へ入ってはいけないという町触がでた。(9) 町触で入場券の必携が示されたことで、御代始観能が公卿ばかりでなく庶民階層にも向けられた行事であることがより明確になった。

光格天皇の御代始能では、より観客へ気配りをした行事となった。御代始能は即位式の三カ月後の安永一〇（一七八一）年三月五日に実施された。東山天皇と同じく辰の刻前（午前八時前）から戌の刻（午後八時）まで終日、延々と続いた。公家たちには、休息所で菓子・酒・吸い物付きの料理が振る舞われた。嘉例ゆえ、「恒例通り、公家や武家に仕える奉公人や庶民にも菓子が拝領される。配るのは頗る煩雑なことなのだが嘉例だから」(10)と、下層の官人以下、庶民階層にまで菓子が「拝領」された。これもいつも通りのことだという。とすればもっと早い時期から菓子が配られていたのかもしれない。

最近では、祝賀行事の引き出物として紅白饅頭を配ることは少なくなったが、昭和前期までの学校祝賀行事では、児童へ紅白饅頭が配られた。祝賀行事における紅白饅頭配りは、このような皇室の祝儀慣行から始まったのかもしれない。

品宮常子内親王、憤る

東山天皇の御代始能に話をもどす。御代始能は、即位式後の饗宴のひとつでもあった。常子内親王は日記に、二六日御代始能の昼食と、能鑑賞の女官たちの装束についても彼女なりの感想をしたためた。当時の公家女性の身だしなみを知るうえで興味深い内容なので次にあげたい。

「けふの御のふのてい、まへまへとはかはり、御けん物所も御めんめんにかまへられるゝ、御代はじめの御のふはことにおもてむきの事なれども、けんやとやらんにてこんも出ず、御ぜんも七五三にてもなく、御けん物所にて常の御ぜんまいる、それゆへ院の女中衆はつきもき給はず、染かたびらにてのみもねにゆいて也[11]」
（今日の能観劇は以前と違い、見物場所も整備されて晴れがましい。けれど、公的行事の御代始能が倹約とかで、祝酒は廻ってこない。食事だって、本来は本膳、二の膳、三の膳とつづくはずなのに、常の膳だ。それに見物場所で食事を摂るなんて。見物場所は正式の食事の席ではないわ。もっと酷いのは女官たちの衣装で、式服を着用していないじゃないの。張着《はちき》も身に纏わず、染め帷子《かたびら》だなんて、何ということなの）

御代始能で盛大な祝宴が催されるようになったのは、二代あとの一一五代桜町天皇のときからで、時の治世者徳川吉宗の後押しがあってのことであった[12]。それ以前の後光明天皇から霊元天皇の御代では、幕府側との関係が良好であったとはいえず、経済的支援を頼むことはできなかった。

朝廷政策に理解を示す将軍綱吉の代になって、御代始の能興行が立派になってきたが、今回は質素倹約を旨とし、祝いにつきものの酒宴がなかった。正餐ならば本膳の七菜、二の膳五菜、三の膳三菜と配膳されるべきはずが、常の膳五菜分しか配られなかった。二日続きのそれも終日の観劇である。食事は別棟だと思っていたが、見物場所で食事をしなければならなかった。憤慨した品宮常子内親王には、これが手抜きとうつり、正式の宴ではないと憤慨したのである。

さらに彼女の気を損じたことがあった。それは見物中の宮中女官たちが張着《はちき》ではなく、単衣の小袖姿であったことである。

張着は、宮中女性の夏の正装用衣装のことである。小袖の上に打掛《うちかけ》をかさねて着、その上から帯を締める。肩を脱ぎ、その脱いだ打掛を腰の周囲に巻きつけ入れ込む。高位の武家女性もこの張着を真似たが、こちらは腰巻という（図6－1）。大正天皇の生母柳原愛子《やなぎはらなるこ》は、明治三年四月、側室に召されたとき英照皇太后（孝明天皇正室）から袴と張着を賜った（『明治天皇紀　第二』二九二頁）。張着は、時代がくだっても高位の公家女性を象徴する装束であった。

図6－1　張着（腰巻）（鈴木敬三著『有識故実図典』より）

旧暦六月末は、現代なら八月の酷暑の時期、見物する女房たちも暑かったのであろう、打掛を腰に巻かず、下着にあたる染め帷子の小袖着用で能を見物したのである。

小袖は当時、室内着や日常着として認知されてきていたものの、正式な表着《うわぎ》とは認められていなかった。現代なら、下着だったキャミソールがアウターウェアとなってそれを晩餐会に着るようなものである。そのようなカジュアル・ファッションの女房たちを、品宮が「もはやむかしの衆もなし」と見咎めた。年配の人が若者の服装の乱れを嘆くようなものである。

公家社会の慣例や規範を熟知していた品宮は、それらを遵守することが摂家の政所（正室）としての義務であり、御代始能という公的行事での衣装の略式化は服装の乱れとしか見えなかった。苦々しくおもったのである。

しかし、品宮は暑さを理由に、正式の服を着用しなかったことだけをとらえて、苦言を呈したのだろうか。

近世前期、富裕な女性を中心に、贅沢な小袖が着用され始めた。これを寛文小袖という。寛文期（一六六一〜七二）を中心に、それまでの金糸銀糸刺繍の豪華な装束から、肩から右身頃に流れるような明るく伸びやかな文様を描いた寛文小袖が流行した。座っていても上半身の着物の柄がよく見える。

後水尾天皇の正室で、明正天皇の生母であり、さらには徳川秀忠の娘である東福門院が実家からの潤沢な資金をもとに、寛文小袖誂えの上得意先で庇護者であったことは、服飾研究者の間では周知のことである。現在でも寛文小袖の見本帳のひながた本は数多く残されている。女官たちが着た染め帷子とは、おそらく当時最新モードの寛文小袖であろう。後水尾天皇の皇女、品宮常子内親王が快くおもわなかった彼女たちの装束が、東福門院の好みであったというのも、なにやら因縁めいているではないか。

夫の近衛基熙ともども、有職故実に精通し、公家社会の規律を重んじる品宮から見れば、当時のファッションリーダーであり、権勢を誇る将軍秀忠の娘である東福門院が好んで身に纏った寛文小袖は、宮中女性の服飾の乱れを象徴する衣装と映ったのではないだろうか。御代始能では、女性を飾る衣装についてこんな一コマも見られたのである。

最新ファッションは禁裏から

いうまでもなく、天皇即位式や御代始の能など庶民の見物が許されている朝廷行事は、公家の風俗に身近に接することのできるまたとない機会であった。即位式では承明門と築地塀付近の庶民見物席から、はるか遠く紫宸殿の簀子縁や階、内侍所前の廊下に女官や女房の座っているのが見える。お歯黒をして小袖を身に纏った女房たちの姿は美しく華やかに映ったはずだ。夏の即位式ならば、暑さを避け張着をつけていない小袖姿の女房たちを、見物する庶民は羨望の眼差しでしっかり脳裏に焼きつけたことも間違いないだろう。

御代始の能では、女官たちは暑いからと、正装とは認めがたい小袖で観劇した。品宮から見ればそれは下着であったが、庶民から見れば、貴族階層の女性たちの最新風俗だった。それが、経済的に台頭しつつあった庶民の女性風俗を触発する契機にもなった。

御代始能の観劇には庶民が殺到し、死者が出るほどの人気であった。庶民にとっては能の鑑賞そのものよりも、観劇する姫君や女官たちの姿や衣装に関心が向けられたのではないか。

儀式の最中に披露される公家たちの奇妙な歩行である練歩や、お歯黒を含む女房の化粧や衣装など、ふだん目にしない宮中の雰囲気にふれる格好の機会が、天皇即位式やその後の能観劇であったとみて間違いない。

3 即位関連行事以外の見物

御所への正月参詣

庶民が公的な朝廷行事すべてを見物できたわけではもちろんないし、御所内への出入りがそう簡単に許されるはずもない。それでも即位式や展観、御代始の能以外の朝廷行事のいくつかは禁裏内への入場が許されていた。その一例が正月参賀である。

元禄一六（一七〇三）年一二月二六日の町触に、「来月の内侍所への参詣について。元日昼八つ時（午後二時頃）より七つ時（午後四時まで）までの参詣を認める」[13]と、御所内の内侍所への入場許可例がある。町触では元旦午後二時から四時頃までの正月参賀が公示された。

時代はくだって孝明天皇の即位年である弘化三（一八四六）年の正月七日には、「明日八日は節分につき、内侍所への参詣を例年の通り許可する。静かに入場するように。ただし、暮時の参詣は出来ません。また場所柄、押し合わず静粛にしなさい。右之趣を洛中洛外へ告知しなさい(14)」の触が出た。

同三年一二月にも、「来たる十八日は節分であるから云々(15)」との町触があり、二度節分参賀があった（弘化三年一月八日は西洋暦〔グレゴリオ暦〕では一八四六年二月三日、弘化四年一二月一八日は一八四七年二月三日とある。ともに節分である）。

節分参詣は今の正月参賀にあたり、毎年実施された。節分参詣として、一年に二度御所参詣が認められた年もある。朝廷の年賀行事にことよせて庶民が押しかけ、混雑に乗じる不心得者もいたことが町触からうかがえる。庶民が御所内へ伺候《しこう》することはやぶさかではなかったのである。

檀家制度という情報網

明正天皇「御即位行幸図屏風」の右隻（口絵二、三頁）は即位式の場面だったが、左隻部分（口絵四、五頁）は行幸の様子を描き、そこには庶民用の見物席が設置されていた。中御門天皇の遷幸行列では大勢の人々が見物したこと、桃園天皇の移徙行列では、庶民の物見遊山的な態度を戒める町触が通達されたことも既述した。新天皇の移徙は昔からの行事であったと『基長卿記《もとながきょうき》』（東園基雅《ひがしぞのもとまさ》〔東山天皇・中御門天皇期の公卿〕の日記）も伝える。いつの頃からははっきりしないが、庶民も遷幸行列のあるたびに、遠巻きに見物したのだろう。洛中の人々なら折にふれ、行幸や行啓見物に遭遇することは多かったことは容易に想像される。しかし後桜町天皇即位式の見物に大坂からやって来た岡國雄などの例があるように、洛中以外からも少なからず人々が見物にやってきた。公家日記は、後桜町天皇即位式後の展観に、早朝から多くの見物人が列をなし、午前七時の開門と同時に南庭や高御座のある紫宸殿前に殺到したことを記録に留めている。真冬であればもう薄暗い午後五時頃の展観終了まで、老若男女の列は途切れることなくつづいたのである[16]。現代から当時の状況を想像するのは難しいが、庶民の熱狂ぶりはいかばかりであったろう。

ではこのように引きもきらない見物人のありようをどう理解すればよいのだろうか。言い換えると、一般の人々は遷幸行列、天皇即位、調度品展覧の情報をどこから伝え聞いてやって来たのだろうか。洛中なら確かに、町触で伝達される。だが、より遠方の地域からも見物客はやってきているのである。類推するに、行幸や即位を知らせる情報網が存在したとしか説明できない。

そこで考えられるのが、檀家制度である。後桃園天皇即位式後の展観にでかけた大和国高市曽我村の村長、堀内長玄のことがおもいだされよう。展観は、浄土真宗本山の特別法要と親鸞聖人の旧史跡である北山御坊（西本願寺北山別院）の参拝も兼ねてのことだった。

浄土宗や浄土真宗の本山は、末寺や信徒への連絡網を通じて、寺院行事と共に御所の行事などの情報も送っていたはずである。畿内の信者なら、日が合えば本山参拝と御所見物という僥倖に浴することができたのであろう。

ところで、後桜町天皇以前には、即位式は僧尼の見物は禁止だった。それでも変装すれば入場も可能ではないか。幕末の勤王家であった野村望東尼《もとに》は「女装」して御所見物したと、『上京日記』にある。僧尼が普通の庶民姿に扮装し切手を所持して三百人のなかに取り紛れたとすれば、天皇即位式見物は可能だったのではないだろうか。もちろん、翌日の展観見物の入場はより容易だったろう。

大嘗会余聞

即位の中でも、江戸時代に再興された大嘗会は、朝廷側が朝儀の復興や充実を粘り強く幕府に交渉してきたことが実を結び、少しずつ改善が見られた。これについても記しておきたい。

東山天皇のとき再興された元文の大嘗会（一六八七年）の式次第は、まだまだ簡略化された内容だった。それが、各天皇の度重なる朝儀の復活請願が功を奏し、世を逐《お》って大嘗会は格式を整えるようになってきた。

寛延の桃園天皇の大嘗会（一七四八年）では、神楽歌・風俗・和舞の再興、膳屋稲舂《いねつき》式の復興、明和の後桜町天皇（一七六四年）では、大歌奉奏《おおうたほうそう》、後桃園天皇（一七七一年）では造酒兒《みきこ》制度（大嘗会に臨み童女が鎮祭の諸役を勤め、宮殿柱立の穴を穿つ）、文政の仁孝天皇（一八一八年）では、久米舞をおこなうなど、廃絶されていた諸儀式が次々と復興された。(17)

とはいえ、絶対に許可されなかった儀式もある。それは、大嘗会の前に賀茂川河原に行幸する禊ぎ（御禊《ごけい》）である。関根正直（昭和初期の文学者・有職故実家）は、一条兼良の『御代始抄』を引いて、「御禊行列こそは室町時代初期の人々の心を弾ませるもので、壮麗な鹵簿《ろぼ》（儀仗を具えた行幸の行列）は都鄙貴賤が嬉々として見物した行列だった」と解説する。(18) 見物人は囃し立てるなどして、それはとても賑やかな儀式だったと後の語り草にもなったという。だが、鹵簿では大騒ぎをする見物人がつきものだ。彼らが暴徒化したり、政治的意図をもった集団が与したりすることも危惧したのではないか。幕府側にとって、不平・不満分子の表面化は絶対許されることではなく、そのために朝廷が大嘗会で最も重要視する朝儀―御禊は認可されなかったようである。

このように大嘗会は天皇即位式と違い、町触で告知されても、庶民には馴染みにくいところがあった。

しかしこんな話もある。光格天皇即位式から七年後の天明七年、光格天皇の大嘗会（卯日節会《うのひのせちえ》）がおこなわれた。その翌日（辰日節会）に大嘗宮が壊却。その解体された材木が下賜されたのである。下賜の相手は蘭学医の杉田玄白である。

杉田玄白は、大嘗会の下賜の一件を、「翁か一男伯元といへるもの上京して大嘗会行る丶時に逢ひ奉り、其宮柱の残り木なりとて土産になしたるあり」(19) と記す。杉田玄白は光格天皇の兄君・安楽心院の脈を取った功績により謝礼に白銀を戴いたことがあった。その縁であろう。玄白の息子が上京の節、大嘗宮の材木が下賜されたというのである。玄白はその下賜された材木で医の祖神である少彦名神の像を彫った。玄白のような相当に功績のある人物には、このような特例に浴することもあったらしい。だが大嘗宮の材木が下賜され再利用された話は、寡聞にして耳にしない。ほかにもこのような下賜例があるのだろうか。

行幸見物も行楽気分で

天皇即位関係行事で、庶民がより身近に接することができるのは、天皇の移徙（引っ越し）とそれにつづく行幸だった。

延享四（一七四七）年五月二一日、譲位した桜町天皇は御所から仙洞御所へ移徙した。町触はその移徙行幸を知らせる。

口触

来月二日、行幸ニ付、御道筋へ拝見罷出候義、堂上方手寄有之、兼而願置、参候もの者不苦、其外不意ニ罷越拝見致候義者無用たるへく候

但、弁当并茶弁当之類持参堅ク可致無用候

右之通洛中洛外不洩様可相触者也

卯四月晦日[20]

(来月二日行幸がある。道筋での見物を申請した者は、桟敷席からの見物を許可する。予約がなければ見物は認めない。弁当や携帯用茶道具一式を持参して見物するのは禁止である。右の通り、洛中洛外漏らさず通達する)

お上公認の行幸見物だ。庶民がこんな好機を逃す手はない。そして、その楽しみは見物だけにとどまらなかった。弁当・酒つきという算段である。奉行所はそれを黙認して、飲食しながらの見物は駄目と規制したのである。

天皇が譲位すれば、御所を新天皇へ明け渡し上皇の住居である仙洞御所へ移動する。あるいは新天皇が御所に迎えられる。新天地への引っ越し、これが移徙である。正式には遷幸行列という。東山天皇譲位後の遷幸行列や、中御門天皇が新内裏への遷幸行列は、楽隊付きの賑やかな行列であった。退位して仙洞御所へ引っ越す場合は、楽隊はないけれども、それを見学しようと畿内各地から多くの人が京に上った。庶民はおおっぴらに見物が許可された行事や遷行行列に大挙しておしかけた。道筋に並んで座り、天皇の乗物である鳳輦を伏し拝んだ。

後水尾天皇と明正天皇の「御即位行幸図屛風」は、どちらもよく似た構図である（第三章1節の「天皇即位式次第」）。この屛風の左隻には、行幸行列見物用の柵が組まれ、雨天でも見物できるように簾《すだれ》のかかった観覧席が設けられている。庶民は屋根付き桟敷席から見物できたのである。見物用桟敷席の確保を勧める町触があることも先に述べた。手際の良いことである。行幸の道筋は見物人で超満員になることを町触は見越していたのである。

見物中の飲食は禁止されたが、待機中の飲食は黙認された。

後水尾天皇や明正天皇の即位行幸図では、見物の庶民の傍に提げ重と酒器が置かれていたことは先に述べたけれども、今回の桜町天皇譲位移徙行幸でも、見物人が弁当や携帯用茶器を持参していた。行列がやってくるまでの長い待ち時間が酒宴や団欒の場になる。それなら長時間待たされても厭《いと》わない。飲食し酒を酌み交わし、見物を楽しんだことは想像に難くない。庶民にとって、即位式と同じく行幸見物も物見遊山と変わらなかったことがうかがえよう。

終章　好奇心と憧憬と

庶民と公家文化へのあこがれ

近世のはじめから江戸時代全般にわたっておこなわれた天皇即位式は一四回、大嘗会は八回だった（三〇頁表参照）。見物した人々は、天子様の畏れ多い権威に直接ふれただけではない。異国風と見紛う装束類、儀式では必ず演じられる連歩のような奇妙なしぐさなどにも驚かされたのである。禁裏は異世界の祝祭空間と映っただけではなく、その背後にある平安時代からの有職故実や宮廷文化の一端にふれる機会を与えてくれる空間でもあった。

有職故実は、古来、公家社会の要《かなめ》であった。大袈裟にいえば公家文化を支える認識装置であり、公家社会の秩序を維持するうえで必要不可欠かつ強固な規範体系でもあった。そのような公家文化の一部が、江戸時代になって秩序や安寧を求める庶民階層へも拡がっていった。公家文化を知る機会や窓口となったのが、天皇即位式など庶民が見物・拝見できる催しものだったというとらえ方もできるだろう。

たとえば鉄漿《かね》つけ（おはぐろ）や眉払を含む成人儀礼である元服（理髪・加冠）は、皇位継承者が遭遇する通過儀礼のところでたびたび取り上げたが、このような人生儀礼に関する慣行についても庶民は公家文化に接することで少しずつ学んでいった。

平安時代、鉄漿つけはすでに公家社会の成人女性の習俗だったが、公家の男性にも徐々に受容され、戦国時代は上流武士たちも真似るようになった。関ヶ原の戦い前夜、大垣城に籠城した西軍方の老女が回顧する『おあむ物語』には、褒賞金欲しさに、戦死した下級武士に鉄漿つけをして上流武士に似せた話を載せる。

江戸時代になって、鉄漿つけの習俗は武家女性だけではなく庶民階層の女性へまで広く行き渡り、結婚や出産を迎えた成人女性の証しとなった。それは庶民の目には、鉄漿つけが高尚で典雅な習俗と映り、真似したいと望んだからであろう。このおはぐろと眉を剃る習俗は全国的に広まり、明治時代までつづいたことはよく知られるところである。(1) 即位式からはじまって翌日からの展観や御代始能などの一連の天皇即位式の行事は、このような習俗をふくめ、宮中の規律である有職故実を庶民が直接眺め、実際に受容する機会を与えたと推測される。

あるいは間接的に、庶民生活の指針や教化用として出版された書物からも、さまざまな宮廷文化の片鱗を見ることができる。(2)『女重宝記』（苗村丈伯、元禄五年〔一六九二〕）や『進物便覧』（文化八年〔一八一一〕）や大雑書系や節用集系の書物など、生活風俗に関する書物の口絵には必ずといっていいほど、十二単衣の女房や公家たちが同席する挿絵が添えられた。公家社会から漂う穏やかな物腰、秩序を重んじる落ち着いた雰囲気や態度から醸し出される高貴性などが、女性の躾に必須とされたからである。そこには公家文化に対する庶民の憧憬の念がうかがえよう。

産育儀礼だった胞衣《えな》納め、産髪垂《うぶがみたれ》、お七夜祝、髪置、お色直し、深曾木《ふかそぎ》、被衣初《かずきぞ》め、紐落し（帯解）それに着袴《ちゃっこ》など、これらはすべて平安時代から公家社会で育まれた産育儀礼慣行だった。それが庶民の子どもの習俗へと浸透したのが江戸時代である。それらのいくつかは、今なお七五三や元服にあたる十三参りの行事として残っている。

図3－6はかぞえ五歳を祝う着袴の挿絵である。碁盤を宇宙に見立て、袴を着けた男児が碁盤から飛び降りる。最近では平成二三（二〇一一）年に秋篠宮殿下の長男の悠仁《ひさひと》親王が着袴の儀で碁盤から飛び降りたことをニュースでも報じた。近世後期になると、庶民階層でもこの着袴が通過儀礼として認知されるようになった。このような公家社会でおこなわれていたさまざまな儀礼文化が、武士階層、そして庶民階層へと広く適用され浸透していったのである。

江戸時代に培われてきた公家社会へのあこがれを実際に見て満足させる数少ない行事のひとつが、一連の天皇即位式の行事だったと理解することも可能だろう。秘儀であった大嘗会は別としても、剣璽渡御行列・移徙などの遷幸行列、威儀品・調度品見物、御代始観能も含めた天皇即位式関係行事は、公達や公家女性の装束ばかりでない。その容貌や立ち居振る舞いを間近で見聞できるまたとない機会となった。庶民は鉄漿つけや眉拭のような表面的な現象だけに目を奪われたのではなく、公家社会の慣行、規範、人生儀礼などにも関心をもち、そこで目にしたことを自らの生活規範としても受け止め、日々の生活に反映させていったのである。

第三章2節の「調整可能な服喪期間」で紹介した岡田伝次郎は、安永期に美濃から京に出、薬種商を営んだ中小クラスの商人だった。御所の名誉職のひとつ車副役《くるまぞい》を兼ね、帯刀も許された伝次郎は、文政一三年一二月、病気を理由にこの職を弟定次郎に譲り、職掌名である岡田隼人を引きつづき名乗りたい旨を「一札」に残している。年寄と五人組連名で、宛先は雑色御家中《ぞうしきごかちゅう》（京都所司代の支配下で、御所の雑役を担当した町役人）と町代衆《まちだいしゅう》（町衆の代表者で、町々の取締りを扱う）である。京都では、岡田伝次郎のように御所の雑務を無報酬で担う町衆が少なからず存在したのである。

当時の小金持ちが金貸しをちょっとした副業にするように、彼もまた公家を相手に小規模金融業を商った。というのも、『源氏物語』一箱、玉冠、礼服、蒔絵太刀、螺鈿太刀、『玉海《ぎょくかい》』六八冊の内の一部、『西宮』一三冊の一部、と記された質札証文が残されていたからである。『玉海』は九条兼実の『玉葉』（序章参照）の別名で、『玉海』『西宮』とも有職故実の書である。『源氏物語』の質札証文にいたっては、寛政から享和にかけて何度も書き換えられており、質草として良種だったようだ。借金のカタ（抵当）というと聞こえは悪いが、有職故実関係書や公家の持ち物が一時的にせよ京の商家に留め置かれたのであった。さらに伝次郎は大阪平野郷で婿養子になる弟の荷出しに、歌人で有名だった日野資枝《ひのすけき》卿の和歌を表具にして持たせたし、親類縁者への土産に伏原様（おそらく伏原宣光《ふしはらのぶみつ》）の託宣の祝歌や芝山持豊《しばやまもちとよ》の和歌を持参した。伏原宣光や芝山持豊は当時の公卿である。公卿の手による書画は、岡田家が公家と親密な関係にあると婚家に思わせる格好の土産物であり、京の町衆の〈格〉や〈箔がつく〉土産、ブランド品として珍重されたことは想像に難くない。

戦前まで、阪神間の裕福な家庭では京都の元公家関係宅で花嫁修業する慣習があったことを述べたけれども、元公家先の行儀見習いは、良縁を得るブランドとなりえた。このようなさまざまな諸事情を鑑みても、近世の京や上方における公家階層と商家は互助的な関係を維持してきたことが推察されよう。穿った見方をすれば、上流階級の文化享受の見返りとしての経済的援助という相互扶助関係が存在しただろうし、その延長上に、庶民の天皇即位式見物も位置づけられると推察されるのである。

歌舞伎の演目にもなった即位式

荷田在満の『大嘗会便蒙』は三十部の公刊で、版木まで没収となった。天皇家秘儀の祭祀である大嘗会の内容を公表するとはけしからぬというのが、出版停止の理由だった。天皇祭祀については神経質に対応しなくてはいけないということなのだろう。そうは言っても、天皇即位に少しでも関心をもつことはよくないことで、忌避すべきことだと言い切れるだろうか。

当時、江戸時代の庶民が熱狂した歌舞伎の演目に、即位式を扱ったものがある。「銀積松行平《ぎんせかいまつにゆきひら》」で、寛政八年、江戸・桐座で演じられた。不遇にも皇位を継承できなかった平安前期の惟喬《これたか》親王とおぼしき皇子が即位式に殴り込み、公家を蹴ちらし儀式の旗を引き裂き、階《きざはし》に片足をかけて百司百官に無礼な行為三昧をおこない、王位を奪おうとするという筋書きである。これが大変な評判となり興行的にも大当たりをとった。(3) 挿絵も残されている。題材は天皇の皇位継承に関するものであったが、何の咎もなかった。

他方、時代は少しくだって文政七年、大坂で「傾城飛馬始《けいせいひめはじめ》」が上演禁止になった。前年、紀州田辺で起こった百姓一揆と似た筋書きで、謀反を想起させる内容だった。主人公は尼子四郎で、天草四郎を連想させることも手伝って上演が禁止された。(4) 当時、幕府は華美な歌舞伎衣装を禁止するだけでなく、百姓一揆のように間接的に幕府を批判し煽動する社会現象に対しても、神経をとがらせていたからである。

幕府批判の歌舞伎演目は禁止する一方で、天皇に関する演目には鷹揚だった。庶民が天皇内部の問題に触れたところで、幕府にとっては痛くも痒くもないことだった。『大嘗会便蒙』出版も当初はそれほど非難されていなかった。多くの挿絵をいれ秘儀である大嘗会をわかり易く紹介した点に顰蹙をかったというのが本音ではないか。

大嘗会の装束と歌舞伎衣装

もう一例、天皇即位と歌舞伎との繋がりをあげたい。それは大嘗会で着用した装束が、歌舞伎衣装に取り込まれた例である。歌舞伎ではこの衣装のことを小忌衣《おみごろも》という。これは大嘗会で公家たちが身にまとった小忌《おみ》から派生した衣装である。

図1－1が示すように、小忌には四種類の形がある。そのどの小忌にも、冠の巾子《こじ》（後頭部に髻《もとどり》を作り、簪《かんざし》を挿す部分）の角に日陰蔓《ひかげのかずら》（日陰鬘）（図1－3）を下げる。この日陰蔓は、天の岩戸に隠れた天照大神を外に連れ出そうと、天鈿女命《あめのうずめのみこと》が岩戸の前で踊ったとき、襷《たすき》掛けにしていたとされる植物（リュウノヒゲとも呼ばれるシダ科の植物）である。青々と伸びることから、生気に溢れた霊性を象徴するので、小忌には必ずこの日陰蔓をつける。その上に銀製か造花でできた心葉《こころば》を飾り、左右から青糸白糸を垂らした。

さて、大嘗会が再興されたこと、つづいて大嘗会の様子をうかがい知る出版物『大嘗会便蒙』が発禁となり関係者が謹慎処分を受けたことは何度も取り上げた。

この二つの話題を、世情と流行に敏感な歌舞伎関係者が見逃すわけがない。聖なる衣装「小忌」の名を借用し、歌舞伎衣装「小忌衣」を作ったのである。神事用で縫製も簡単な小忌に、長羽織の首のまわりに襟襞を縫いつけ、日陰蔓を変形させた華鬘紐《けまんひも》(5)で結び、きらびやかな衣装へと変身させ、それを上級の武将役や貴人役の部屋着として応用したのである。

図終－1　「妹背山女庭訓」大伴連諸門に扮する尾上松助（早稲田大学演劇博物館蔵）

寛政七年一一月、歌舞伎の「福牡丹吾妻内《ふくぼたんあづまのだい》（大）裡《り》」に、逆髪の王子役に扮した松助が小忌衣を着た。おそらくこれが歌舞伎狂言での初お目見えである。(6) 役者絵では、享和三（一八〇三）年九月、初代松助（尾上三朝）が「妹背山女庭訓」で大伴連諸門《おおとものむらじもろかど》役を演じたが、襟襞つきの着物に蜷結《になむす》びを飾り紐にして垂らした小忌衣姿だった（図終－1）。(7) これをきっかけとして、小忌衣は高貴な役どころの衣装として広まっていった。(8)

白《すず》生《し》の祭服の小忌と歌舞伎の小忌衣とでは、材質や形状は全く異なっている。そうはいっても、小忌は聖なる儀式の大嘗会に着用する装束である。小忌が内包する霊性や高貴性を、より様式化し、斬新で装飾過剰な衣装へと転用し、それを小忌衣として売り出すという手法は大いに当たった。柳亭種彦『修紫田舎源氏』には、桐壺の帝に比された東山義正公桐壺がこの小忌衣姿で登場する（図終－2）。きらびやかで見栄えのする小忌衣は歌舞伎衣装にとどまらず、草双紙の挿絵や浮世絵へと、どんどん需要を広げていった。このような、庶民から見た天皇即位の副次的な受容の仕方も忘れてはならないだろう。

明治以降の天皇即位式

明治天皇の即位式は、江戸時代とは全く趣きを異にしたものへと変わってしまった。

図終－2　東山義正公（『偽紫田舎源氏』より）

慶応二年一二月二五日（一八六七年一月三〇日）、孝明天皇崩御。睦仁《むつひと》親王が元服前に皇位を継承し、同日践祚。慶応四年一月一五日（一八六八年二月八日）元服ののち、陰陽頭土御門春雄が天皇即位式を、慶応四年一月一五日（明治元年八月二七日）辰の刻（午前八時頃）と勘申した。

その折、明治天皇は典礼の準拠がま

だ制定されていないが、古礼に則って新儀を加えたいと希望した。いわく、古来の典儀は多く唐制の模倣である。新しい時代を迎えたのだから、更改して「皇国神裔継承」の規範を立ち上げたいと考え、ついては古典を考証・調査して、新しい儀式を提案してほしいと、神祇官福羽文三郎[9]に即位新式取調御用を命じた。

そして、「中古以降用ゐし所の唐制礼服を廃す[10]」と決まった。今までの服制を廃止したのである。即位式の見物人も変わった。即位式の出席者は知事、副知事、判事、陸海軍将校をはじめ政府高官のみとなり、官吏は休暇を賜り、庶民は休んで奉祝するようにと定まった。

千年以上続いた唐制礼服を廃止したことで、冕服や文官たちの大袖と裳などの唐風装束は一掃され、束帯と衣冠のみの和様に統一された。即位式の出席者も外国の要人や特権階層に限定され、一般人の見物は原則あり得ず、天皇即位式は庶民から隔絶した場での儀式となってしまったのである。

天皇即位式当日、明治天皇は「新儀に依り従来の礼服を改めて束帯を装はせられ、巳の半刻（一一時頃）長橋を渡御して紫宸殿に出御あらせられた」（『明治天皇紀　第一』）。諸調度品はそのまま利用し、どうしても必要なもの以外は新調しないと決めた。明治天皇は新調せずに黄櫨染の袍を着用されたが、それでも即位式諸経費が四万三千八百両余りかかったことは、すでに述べた通りである（なお即位式着用礼服は、宮内庁公文書館所蔵『明治天皇御料御保存御服目録』を参照のこと）。

さらに、明治四二年二月一一日、「旧皇室典範（明治二二年裁定）」に属する「登極令」が公布された。そのなかで、皇位継承は生前譲位ではなく先帝崩御の践祚のみと決められ、御大礼や御大典の名のもとに、即位式と大嘗会の一括実施なども厳正に定められた。そして天皇即位式を国家的な見地から規定するような方向づけがなされたのであった。

京都御所で執りおこなわれた大正天皇の御大典（御大礼）の参列員は八百人を超え、盛儀であっ

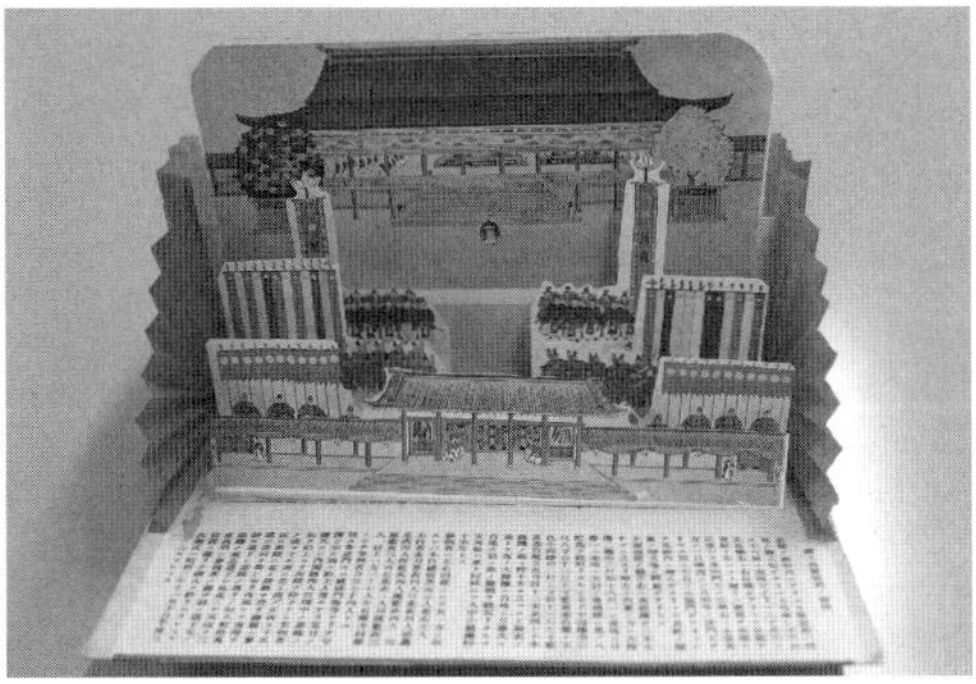

図終－3　「板絵折紙　御大典〈天皇即位式〉」

図終－4　「板絵折紙　御大典〈大嘗会〉」

たという。しかし、盛儀とは裏腹に、その実態は大礼警備の強化と政治的宣伝に終始したのである。昭和天皇の御大典にいたっては、御大典の予防検索として警察や特高の取り調べを受けた人数は、一二万人あまりに及んだという。[11] 天皇即位式は、大仕掛けに演出されればされるほど、国威発揚の手段としてのみ機能する。そこには見物する庶民は不在であるし、そもそも不要だったろう。

一方、庶民から見た天皇即位式の一例として取りあげたいのが、昭和三年の昭和天皇即位式に際して発売された冊子である（図終-3、終-4）。赤色表紙には、「板絵折紙　御大典」と記され、幕末の尊皇思想家である高山彦九郎とおぼしき人物が三条大橋の上でひざまずく姿が印刷されている。素朴で稚拙にも見える絵本冊子である。開けば左右に天皇即位式と大嘗祭の様子が飛び出して、式全体が一瞬に見渡せる仕掛けになっている。

明治から大正、大正から昭和と時を経るにつれ、天皇即位式や大嘗祭が庶民とは無縁の謹厳で厳粛な儀礼となってしまった。それでも人々は天皇即位式を自分たちの手に届く楽しみにとっておきたかったのかもしれない。この「飛び出す絵本」のように。

注

序章　天皇即位式の世界へ

（1）「天践禮祀職掌録」塙保己一編『群書類従』（第三帝王部、第三三巻所収）は、宇多天皇から後花園天皇までの即位式の職掌録。大阪府立中之島図書館蔵分は、宇多天皇から仁孝天皇までの即位式職掌録を収載。和綴じ、書写本ゆえ人名に若干の誤植あり。

（2）桜井秀『即位大嘗典礼史要』博育堂、一九一五、九三頁。

（3）桜井秀、前掲、一八頁。

（4）『山槐記』三（『増補資料大成』第二八巻、臨川書店、一九六五）一七二頁。

（5）大日本古記録『民経記』八（東京大学史料編纂所、岩波書店、二〇〇一）一一六頁。

（6）「継塵記」（『後醍醐天皇実録第一巻』（『天皇皇族実録』七三）ゆまに書房、二〇〇九、一〇頁）。

（7）「増鏡」（『後醍醐天皇実録第一巻』一二二頁）。

（8）『別冊文藝・天皇制』河出書房新社、一九九〇、二八二頁。

（9）『ビジュアルNIPPON江戸時代』小学館、二〇〇七。先行研究に高木博志「近世の内裏空間・近代の京都御苑」（『コスモロジーの「近世」』岩波書店、二〇〇一）がある。参考にさせていただいた。

（10）桜井秀、前掲、二一〇頁。

（1）「八槐記」（『桜町天皇実録第一巻』〔『天皇皇族実録』一一四〕ゆまに書房、二〇〇六、一三八頁）。
（2）瀧川政次郎『律令と大嘗祭』国書刊行会、一九八八、三一頁。
（3）「明正院寛永御即位記」（『天皇皇族実録』一〇六、ゆまに書房、二〇〇五、二二頁）。
（4）岡國雄『御即位庭上幢鉾調度図』大阪府立中之島図書館蔵。「初代豊田文三郎氏遺書」の印あり。豊田文三郎（一八五三〜九六）は大阪で府議会議員、初代衆議院議員を務めた。
（5）森田登代子「大嘗会再興と庶民の意識」（『一八世紀日本の文化状況と国際環境』思文閣出版、二〇一一）。なお明治以降大嘗会は大嘗祭と明記されたが、徳川時代の公家日記を見るかぎりでは、大嘗会と大嘗祭についての語彙の使い方にそれほどの明確な違いは見られず、混用され、公的な文章にも混用が見られる。大嘗会と記されている方が多い。本書では大嘗会に統一した。
（6）三浦周行『即位礼と大嘗祭』京都府教育委員会、一九一四、一九〜三三頁。
（7）「禁廷の公事をも。御心を加へ給へし事数多有しが。貞享以来絶し大嘗会をふたたび興し給ひ。大内の大礼をいにしへに復せられけることこそ。たぐひなき御事なれ。これより先当時有識の公卿をはじめ。古礼に練せしものどもにも。あまねくとひはからせ給ひ。御みづからも御勘考を加へられ。所司代始め。京職の人々にも懇に御さたありて後。元文三年十一月十九日大礼遂に行はれしかば。これにつぎ五年十一月新嘗祭をも行はる。大嘗会の時は。府よりも羽倉藤之進在満（田安小十人組）。住吉内記廣守を遣はされ。其礼をうかゞひ帰り。ありし様をくはしく聞えあげしめ。重ねて廣守に仰ありて。そのかたをゑがゝせ。八巻となして。永く考証に備へらる」（『有徳院殿御実紀』附録巻三、一五二頁「羽倉在満住吉廣守受吉宗命拝大嘗会御儀」の条）。

(8)「凡例」(『荷田全集』第七巻、吉川弘文館、一九三一、三頁)。

(9)戸倉英美 東方学会シンポジウム発表『青海波——李白と源氏が愛した舞曲』(『東方学』第一一九輯、二〇一〇)。

(10)「儀式の内容よりして、即位礼は外風を模擬せるもの多く、大嘗礼は然らずといふ所説は、均しく世人の口にするところなり。されど詳しく考ふるに、必ずしも然らず、大嘗礼にも大陸文化所産の風趣が加はれること殆ど動すべからざるべし」(桜井秀『即位大嘗典礼史要』博育堂、一九一五、一六五～一六六頁)。

(11)佐多芳彦『服製と儀式の有職故実』吉川弘文館、二〇〇八、五三～七〇頁。

(12)「大嘗会便蒙御咎顚末」(『荷田全集』第七巻、名著普及会、一九九〇、一七六～一九九頁)。

(13)『有徳院殿御実紀』巻五三、三頁。寛保元年の条。

(14)『歴代残闕日記』(第三四冊、臨川書店、一九九〇)には元文三年の桜町天皇の大嘗会の『大嘗会次第』と『大嘗会次第假字記』の記載をみるが、同じ桜町天皇の大嘗会の模様を記した荷田在満『大嘗会便蒙』とは大いに異なる。『大嘗会次第』は御所内南庭に施設された主基殿や悠紀殿を含む間取り図が、『大嘗会次第假字記』では手水の道具に使われるらしい蝦鰭舟と多志良加の絵が載るだけで、すべては文字史料から大嘗会を知ることになる。他方、荷田在満『大嘗会便蒙』では建物や調度品の詳しい絵柄(彩色されたものもある)から、各小忌の衣裳まで載せる。

(15)大阪府立中之島図書館所蔵分の『大嘗会便蒙倶釈全八巻』と五種類の『大嘗会便蒙』を調べた結果、写本段階で多くの挿絵や図版が微妙に変化し、消えてしまった挿絵もあった。しかしそのどれにも「大嘗宮図」「大嘗宮内部」の挿絵が含まれ、特に「大嘗宮内部」では寝所の見取り図が詳しく残る。

(16)森田登代子「大嘗会の再興と庶民の意識」(『一八世紀日本の文化的状況と国際理解』思文閣出版、二

○一一)。

(17) 藤田覚「国政に対する朝廷の存在」(『日本の近世』第二巻所収、中央公論社、一九九一)三三九頁。

第二章　近世歴代天皇の即位式

(1) 「康雄記」(『正親町天皇実録第一巻』(『天皇皇族実録』九九)ゆまに書房、二〇〇五、一二三頁)。

(2) 「多聞院日記」(『後陽成天皇実録第一巻』(『天皇皇族実録』一〇二)ゆまに書房、二〇〇五、一二一頁)。

(3) 「義円准后日記」(『後水尾天皇実録第一巻』(『天皇皇族実録』一〇三)ゆまに書房、二〇〇五、四五頁)。『光豊公記』によれば、大御所徳川家康の傍らに一条院が座ったとある。小姓らしき人物と思われるが不明。なお大日本史料『後水尾天皇』(第一二編之八)「義演准后日記」にも同様の記述がある。

(4) 大日如来と天皇が一体化するという理念を天皇が真言と手印《ていん》で示す密教作法。

(5) 『御即位記』は、史料稿本、大日本史料総合データベース『史料綜覧』「編年史料、明正天皇紀」より。「明正院寛永御即位記」は『明正天皇実録』(『天皇皇族実録』一〇六)ゆまに書房、二〇〇五、一七頁。「寛永御即位記略」は堀正意著、蓬左文庫蔵。三つとも同じ内容だが、「御即位記」「寛永御即位記略」では前橋侍従となっているところが、「明正院寛永御即位記」ではすべて厩橋侍従となっている。写本段階での誤植か。また「寛永御即位記略」では闕字が多用されているが、「御即位記」「明正院寛永御即位記」には闕字なし。

(6) 「寛永七年秋九月十二日、御即位ノ御コトアリ、是ハ去年ノ冬俄ニ後位を第一ノ皇女ニ譲リ給フ、女帝ノ立セ給フ事、昔奈良ノ京ニテハ数代ヲハセシガ、平安城ニウツラセ給シ後ハ八百年ニ余リテタメシスクナキ御事ナリ、此事江戸ニキコシメシ及デ驚セ給ヒ、本朝ハ神国ニテ、天照大神ノマサシク姫《ひめ》神ニテ、天日嗣《あまつひつぎ》ヲ萬世マデ伝ヘ給フトイヘドモ、久《ひさし》クマレナル御事、サレバ若《もし》後ノ世ニ　御外戚ノ御イキオヒニテカヽル事モアリケルヤラント、云ハン名ノコトゴトシカラン事ヲ慮《おもんばか》ラセオハシマス、イトメデタシ、然《しから》ハアレド御脱屣《だつし》ノ叡慮《えいりょ》弥《いよいよ》カタクモノナシ給ヘバ、ツヨク諫《いさめ》サセ給フニ及バズ、兎《と》モ角《かく》モ叡心ノマヽ、ニト思食コトニナリヌ、武家ヨリ禁裡ヲ崇敬シ給フコト外ニ異ニシテ、頼朝卿ヨリコノカタナラビナキ御事ナリ、其ウヘ御歳モサカリニシテ、萬機ノ政ヲイトハセ給、堯《ぎょう》ノ舜《しゅん》ニ譲リ、舜ノ禹ニ譲シ昔ハ皆年ヨリテノ事也、シカルニ今春秋ニ富セオハシマシテ姑射《こや》ノ雲ヲナガメ、汾水《ふんすい》ノ風ヲ玩ビ給ハン事、シカルベカラザル御ハカライナリト、武家ニハ思食ドモ、叡心ノオモムク處ハ、武家ノ政タヾシク明ニオホヤケヲウヤマヒ給ヘバ、イトヤスカルベシトテ、遂ニヲリヰサセ給ヘバ、御幼帝ノ御事ニテモ其タスケマモリトナリ給ハン事、武家ニモダシガタクヤムコトヲ得タマハズ、去程ニアラカジメ今日御即位アルベキニ定ニヌ（以下略）」（「明正院寛永御即位記」『明正天皇実録』二一頁）。

なお、東大史料編纂所所蔵資料目録データベース大日本史編年史「明正天皇紀」は本書で引用する『天皇皇族実録』と同じ。

（7）「泰重卿記」（『明正天皇実録』〔『天皇皇族実録』一〇六〕ゆまに書房、二〇〇五、二〇頁）。

（8）「本源自性院記」（『明正天皇実録』〔『天皇皇族実録』一〇六〕ゆまに書房、二〇〇五、一九頁）。

（9）「明正院寛永御即位記」（『明正天皇実録』二七頁）。

（10）「今日、御即位天子（後光明天子天皇）十一歳。御諱　紹仁。仙洞（後水尾）皇子也。御母園基女京極局也。国母（東福門院）御方成御養子。午刻　御即位也。為見物、飯後、赴勧修寺亜相（常弘）公也。明王院（円盛）・高雄上人（正円）令同道。雖然、禁中之御門堅鎖。曽以不入見物之故、即位不（見物）。成也。前代未聞之義（儀）也」（『隔蓂記』第一巻、思文閣出版、一九九七、五一六頁）。

（11）「後光明院御元服即位等記」（『天皇皇族実録』一〇七）ゆまに書房、二〇〇五、三二頁）。六本の柱で構成され、外側からは四本に見える門を四足門（四脚門）という。八脚門より格は低い。四足門は建春門のことで、庶民はこの門からは入門できない。

（12）『隔蓂記』第一巻、五一六頁。「不入門、不成見物」「今日不見物、空帰者也。自関東、被相副武士、御門前之誓（警）固行新法、不　禁闕之作法也。法度以下絶王者乎」。

（13）「本源自性院記」（『後光明天皇実録』（『天皇皇族実録』一〇七）ゆまに書房、二〇〇五、八四頁）。

（14）「後光明院御元服即位等記」（『後光明天皇実録』（『天皇皇族実録』一〇七）ゆまに書房、二〇〇五、九二頁）。

（15）「本源自性院記」（『後光明天皇実録』八五～八六頁）。

（16）「宣順卿記」（『後西天皇実録』（『天皇皇族実録』一〇八）ゆまに書房、二〇〇五、二六頁）。

（17）「禁裏番衆日記」「忠利宿禰記」「資簾日記」（『霊元天皇実録第一巻』（『天皇皇族実録』一〇九）ゆまに書房、二〇〇五、一八頁）。

（18）七社は、伊勢神宮、石清水八幡宮、賀茂社、松尾社、平野社、稲荷社、春日社で、七寺は仁和寺、東大寺、興福寺、延暦寺、園城寺、東寺、広隆寺である。東寺、広隆寺の代わりに護国寺、興隆寺の場合もある。

（19）「中御門院御昇壇記」（『中御門天皇実録第一巻』（『天皇皇族実録』一一三）ゆまに書房、二〇〇六、六三頁）。

（20）「基長卿記」（『中御門天皇実録第一巻』六四頁）。基長（一六七五～一七二八）は基雅と改名する。蔵人頭、参議となり公卿に列する。踏歌節会外弁から権大納言などを務めた。

(21)「御湯殿上日記」(『中御門天皇実録第一巻』六二頁)。
(22)「八槐記」「柳原紀光日記」(『後桜町天皇実録第一巻』(『天皇皇族実録』一二〇)ゆまに書房、二〇〇六、一三〜一四頁)。
(23)『京都町触集成』第五巻、九四頁。『妙法院日次記　第一七』明和七年一一月二四日分にも同様の町触がある。
(24)国立公文書館所蔵デジタルアーカイブに『桜町殿行幸図』がある。『桜町殿行幸図』は、文化一四年に退位した光格天皇が桜町殿(仙洞御所)へ移徙する行列を描いたもので、「拝見席」には、公家に混じって裃姿の男性、被衣姿や角隠しの女性姿、僧や子どもの姿が描かれる。警固は所司代与力である。
(25)孝明天皇即位式については、『孝明天皇実録第一巻』(『天皇皇族実録』一三四)ゆまに書房、二〇〇六)の、「孝明天皇御即位諸次第」「孝明天皇御即位交名并諸次第」「萱葉」「橋本実久日記」「山科言成卿記」「柳原隆光日記」を参照。

第三章　即位式の式次第〈其の壱〉

(1)東京大学史料編纂所、一六三〇、一九―一―一二、五、『泰重卿記』「編年史料、明正天皇紀」仮番号三三に記載。なお『明正天皇実録』に記載の「泰重卿記」の方に三月一二日の記事があるが、一一日の記事はなし。
(2)天皇の命令を読み上げる役。
(3)承明門内の諸事を掌る役。
(4)承明門の外を掌る役。

（5）即位式を掌る役。
（6）親王の代役。
（7）侍従に似せた役。
（8）おそらく東大史料編纂所蔵「後水尾天皇即位庭上図例書」（三浦周行氏所蔵文書）と同じ図絵とおもわれる。一〇代家治将軍時代の「後桜町天皇御即位図」（宮内庁書陵部所蔵）も、畳四枚分もある非常に大きな図で、広げると彩色された調度類が起き上がってくる。調度図は平面な庭上調度図と立ち上がるようになった庭上図の二つの形がある。
（9）そっくり同じ屏風図は元萬野美術館所蔵。現在は相国寺承天閣美術館所有。
（10）『在外日本の至宝』第四巻「障屏画」毎日新聞社、一九八〇、一〇四～一〇五頁。
（11）『皇室の至宝　御物　絵画二』毎日新聞社、一九九一、仲町啓子概説、二〇六頁。
（12）宮内庁所蔵分では、向かって左の執翳女孺のみが見える。桜町天皇即位式図の写しでは女官たち全員がいる。蓬左文庫分では、今まさに明正天皇の宸顔が公衆の面前に現れたところが描かれている。
（13）「明正院寛永御即位記」（『明正天皇実録』〔『天皇皇族実録』一〇六〕ゆまに書房、二〇〇五、二六～二七頁）。
（14）「稙房卿記」によれば、元文三年八月三〇日は敬法院藤原宗子七回忌日にあたっていたが、七月三〇日に法会をおこなった。日時を一カ月繰り上げたのは、八月のその日の神事と重なったからという（『桜町天皇実録』三五四頁）。
（15）「経熙公記」（『光格天皇実録第一巻』〔『天皇皇族実録』一二六〕ゆまに書房、二〇〇六、四四〇頁）。
（16）森田登代子『近世商家の儀礼と贈答』岩田書院、二〇〇一、八三～八四頁。

（17）五来重『葬と供養』東方出版、一九九二、二二六、一二二八、四九一、九四六頁。
（18）「稙房卿記」（『桃園天皇実録第二巻』〔『天皇皇族実録』一一八〕ゆまに書房、二〇〇六、一九頁）。
（19）「八槐記」（『桃園天皇実録第一巻』〔『天皇皇族実録』一一八〕ゆまに書房、二〇〇六、二一〇頁）。
（20）「日次醜満」『桃園天皇実録第一巻』〔『天皇皇族実録』一一八〕ゆまに書房、二〇〇六、一〇五頁）。
（21）最初師仁《もろひと》と賜せられたが、音が良くないと践祚後、兼仁《ともひと》と改めた。したがって「兼」のつく公卿は改名させられた。
（22）五来重、前掲、一一〜三四頁。
（23）『妙法院日次記　第一五』続群書類従完成会、一九九九、一八四頁。
（24）「定晴卿記」（『後桜町天皇実録第一巻』〔『天皇皇族実録』一二〇〕ゆまに書房、二〇〇六、一三二〜一三三頁）。
（25）「柳原紀光日記」（『後桜町天皇実録第一巻』〔『天皇皇族実録』一二〇〕ゆまに書房、二〇〇六、一五四頁）。
（26）表紙に朝日新聞社寄贈の印あり。他に国立国会図書館、内閣文庫、香川大学神原文庫などが所蔵する。
（27）「伯家部類」の「白川家傳」（神道大系編纂会『神道大系』論説編十一、伯家神道、一九八八、四二七頁〜四二九頁）に雅光王の名がある。享保七年に神祇伯を辞した。雅光王の次に白川家を継いだのが、雅冬王である。
（28）「橘國雄の邑芳齋雑画」（『森銑三著作集』第一一巻、一九七一）四三六頁。加賀文庫所蔵『邑芳齋雑画』にふれ、著者は大阪の住人、画工邑芳齋橘國雄であると明記。肥田皓三先生からおそらくこの人物が岡國雄ではないかとのご指摘をいただいた。

(29) のちに尊皇攘夷の浪士になる西山直五郎と同一人物らしいが、それ以上は不明。
(30) 天皇名不明、摺物「即位式図」大阪府立中央図書館所蔵。表紙に「初代豊田文三郎遺書」と「善治家蔵」の印あり。

第四章　即位式の式次第〈其の弐〉

(1) 「仙洞女房日記」(『中御門天皇実録第一巻』〔『天皇皇族実録』一一三〕ゆまに書房、二〇〇六、四二頁)。
(2) 『明治天皇紀　第一』吉川弘文館、一九六九、八一二頁。
(3) 『京都町触集成』第五巻、九四頁。天皇即位に関する贈答の初見。なお結婚(入内)の贈答の初見は桜町天皇の時である(『京都町触集成』第二巻、二九二頁)。
(4) 『京都町触集成』第五巻、一九五頁。
(5) 『京都町触集成』第五巻、一九八頁。

「御入内当日重軽服者、僧尼可憚参内参院院事女御御殿江御入

内之日ヨリ重軽服之輩三ヶ日、僧尼五ヶ日可憚参入事右之趣

洛中洛外裏借屋至迄不洩様可相触者也

　　辰十一月七日

今度御入内ニ付、拝見之もの一切不罷成候条、

此旨洛中洛外へ可相触もの也

　　辰十一月廿九日」

(6) 『京都町触集成』第五巻、一九八〜一九九頁。

「今度御入内為御祝儀諸大名之使者参内之節、御築地之内込合
候間、銘〃用達之町人為案内相添罷越候共、壱人宛より外ニ
罷越間敷旨可申聞候事
辰十二月三日」

(7) 「明正院寛永御即位記」(『明正天皇実録』(『天皇皇族実録』一〇六)ゆまに書房、二〇〇五、二八頁)。
「各伝奏ヲモッテ進物ヲ捧《ササゲ》ラル、其外諸大名御イワヒノ捧物《ホウモツ》アリ、官位ノ尊卑ニヨリテ差アリ、乃至食《ナイシショク》封《ホウ》十萬斛《ゴク》以上ノ人コトゴトク皆捧物奉ルト、イトモカシコク目出度シ」

(8) 幕府は藩に対し即位贈答基準を作成。桜町天皇の場合、三〇万石以上太刀銀三〇枚、一〇万石以上同二〇枚、五万石以上同一〇枚、五万石以下でも官位が四位以上は五万石以上に準じる。ただしこれは天皇で、譲位した上皇にも進上する。将軍とその家族からのほかに、御三家からの献上もある。さらに金品に加えて物品もある。将軍とその家族、御三家、加賀前田家は二種一荷、紀伊徳川家一種一荷、二〇万石以上一種一荷、五万石以上と五万石以下でも四位は一種一荷ほかが呈上された。

(9) 漢の時代、上衣は黒、裳は赤色で天地を象《かたど》るとされたが、隋の高祖が上下とも赤色に定め、それが当時の推古天皇の治世に入ってきたのだという(関根正直『即位礼大嘗祭大典講話』宝文館、一九一五、一二七頁)。

(10) 一二の文様を、服に直接刺繍する場合と、先にアップリケを作りそれを縫いつける場合がある。

(11) 北斗七星を背に負わない中国皇帝の祭服に対し、天皇の袞衣は北斗七星を背に負う(吉野裕子『天皇の祭り』講談社学術文庫、二〇〇〇)。岡國雄の『調度図』の大袖の挿絵でも同様の説明あり。

(12) 『西宮記　第二』天皇礼服の条(新訂増補『故実叢書』第一九回所収、明治図書出版、一九五三)二

九一頁。なお今泉定介編『装束集成』（吉川弘文館、一九三〇）の女帝装束は「西宮記云、白御服」（四三八頁）と記載。

（13）「明正院寛永御即位記」（『明正天皇実録』二四頁）。「宝冠是ハ日形ノ冠ナリ、白服大袖小袖ウラ、皆スヾシナリ、白精好ノ御褶裾條帯長綬一筋短綬二筋、玉佩二旒、錦韈御舄、御笏ハ象牙ヲ以テ作レリ、袞龍ヲメスベキ御事ナレドモ、女帝ニテマシマセバ古代ノタメシニマカセ白キ御衣ナリ」

（14）「八槐記」（『後桜町天皇実録第一巻』〔『天皇皇族実録』一二〇〕ゆまに書房、二〇〇六、一四八頁）。

「近代異服用

天皇冕服　御髪上之儀其状不知、寛永明正院御例雖被勘、諸記上古之儀猶以無所見、三才図会雖有則天后図不全三礼図、以緯衣図様此度有議、摂政殿被定之了

御宝冠　有鳳形

御大袖　無文白綾白絹練貫裏

御小袖　同

御裳　同、御裙《モ》同如裳、雖可着御褶《シラミ》裁縫断絶之間着御御裙、摂政被計御裙　之下ニ着御紅御切袴、以上新調太宰府権帥頼言調献之

御綬、御玉佩　牙御笏、以上被用古物、赤皮御舄新調、権帥進之」

（ルビは本文通り。シラミはヒラミと同じだろう）。

（15）森田登代子「庶民の天皇即位式見物――女帝即位式装束を中心に」『風俗史学』四九号、二〇一二。

（16）『冕服図帖』（一九〇七）は手摺木版、上中下の三冊。選者岩下羆、発行者山田直三郎、発行所芸艸堂合名会社。序文を揮った池邊義象は当時の著名な国文学者・歌人。谷崎潤一郎「磯田多加佳女のこと」

に彼の名が見える。『冕服図帖』では、宝冠は滋野井公麗卿謄写の図と北小路随光卿所蔵の図であると記す。

(17) 五来重『葬と供養』東方出版、一九九二、四九八～五〇四頁。喪服の色が白色か鼠色から、黒色へと変化が見られるようになったのは、日露戦争以後である。西洋で死を意味する黒の概念が日本でも拡がり、以後、喪服が黒色に変わっていくのである。

(18) 女帝の冠は笄《こうがい》つき。笄は髪を掻き上げるための棒状の道具。男帝とは結髪の仕方が違うから、女帝の結髪には笄が必要。元服をすませていない幼帝は男帝の玉冠は被れない。赤の龍繡大袖を着るが、これは男帝と同じ。

(19) 一般的に小袖とは現代の着物のことで、前身頃の右側と左側を合わせて着るが、即位式着用の小袖は盤領《あげくび》といって、丸首タイプで紐を掛けあわせて襟を留める形である。

第五章　庶民の天皇即位式参観

(1) 「基熙公記」(『東山天皇実録』(『天皇皇族実録』一一二) ゆまに書房、二〇〇六、六二頁)。「宸儀初見、今度南庭雑人等多不可入之由内々被定、且僧尼等不可入御門内之由以治承例被治定云々、従武家令警固、又南門外雑人如雲霞《うんか》階下次将称警蹕《けいひつ》乎、其声不十分明」

(2) 『京都町触集成』第一二巻、三九三頁。

(3) 『京都町触集成』第一巻、一七三頁。

(4) 『妙法院日次記　第八』(続群書類従完成会、一九九二) による桜町天皇の大嘗会の通達を次に示す。

「(前略) 此度就大嘗会先達而寺ゝ

鐘其他法会ニ相用候鳴物類、当月中停止之旨両度申触候処、いまたはしはしニ而鐘つき候哉、御所江相聞候由ニ候間、御末寺并御支配之寺院鐘・どら等之類、当月中急度相止候様ニ可被仰付候、勿論当十八日より大嘗会被為行候間、御所より二里四方急度相止候様ニ、亦〻相触可申候得共、御末寺等江御本寺よりも急度可被仰付候、右之旨各様迄伊賀守御内意申入候様ニ申付候（後略）」一〇九頁。
「此度就大嘗会先達而鐘等当月中令停止之旨、両度触も有之候共、はしはしニ而いまた鐘つき候哉、御所江相聞候、急度可相止候由ニ候、則昨日於奉行所手前共被招被申聞ニ付申渡候事（後略）」一〇九頁。
「一、町役人方迄方内ふれ来、
口触
来ル十九日大嘗会ニ付、十八日より廿三日之朝迄、洛中自身番いたし、火之元之儀弥無油断入念可申事、右之趣洛中洛外へ可相触者也、
午十一月十五日」
「来ル十九日大嘗会被行候、勿論諸人拝見不相成候、

此旨向〃へ可申聞事、
午十一月十五日」
「大嘗会ニは鐘鉦之音御停止之儀、先達而被仰渡候処、遠方之鐘相聞候ニ付、来ル十八日より当月中鐘鉦打候儀、堅ク差控候様ニと被仰出候間、道法御所より貳里計之寺〻計へ可申付之事（後略）」一一〇〜一一一頁。
（5）『京都町触集成』第三巻、一七二頁。
（6）『京都町触集成』第三巻、一七三頁。
（7）『京都町触集成』第三巻、一九九頁。
（8）『京都町触集成』第三巻、三一四〜三一五頁。
（9）『京都町触集成』第四巻、三三一頁。
「大嘗会御神事中、寺〻者勿論鐘鉦打候儀、堅停止候得共、千本屋鋪早鐘撞候儀、御神事中ニ候得とも、仏事類とハ違ひ出火之節平日之通無構鐘撞可申候、然なから寺〻ニ而早鐘撞候儀者停止ニ候間、此旨心得違無之様可致事
申十月廿六日」
（10）『妙法院日次記　第一一』一〇六頁。
（11）『京都町触集成』第五巻、一四三頁〜一四四頁。
（12）『京都町触集成』第五巻、一四六頁。

「此度大嘗会御大礼ニ付、先格之通四条芝居相休、右ニ付御所
近辺其外寺社方境内芝居打等も明十九日相休、翌廿日ヨリ来
ル廿二日御規式相済候迄穏便ニ可致候、此段向々へ可申通事
　卯十一月十八日」

(13)「定晴卿記」(『後桜町天皇実録第一巻』〔『天皇皇族実録』一一〇〕ゆまに書房、二〇〇六、一五二頁)。
「今日重服之輩不可参内云々、軽服輩参入、但成憚不可出御前云々、恐悦之儀申之事、以表使不及申之」

(14)『京都町触集成』第六巻、一一〇頁。
「来月四日御即位ニ付、三日之朝ヨリ五日之朝迄洛中洛外自身
番可致候、尤火之元之儀弥以無油断入念、洛中者別而洛外迄
も三日之夜ヨリ夜中、年寄五人組代〃町内裏借屋等ニ至迄見
廻り、火之元之義可申附候、勿論商売筋ニ候共大火焼候儀、
堅可致無用候
右之通洛中洛外裏借屋至迄可相触もの也
　子十一月廿九日」
「来月四日御即位ニ付、前日拝見停止之事
一右当日あけ竹之内拝見、男百人女弐百人切手札を以御門
ヨリ入、同御門江出候事
　右者局方客上ニ而拝見難成分斗
附、僧尼并重服之輩可相憚事

一御当日ヨリ三ケ日重服可憚、軽服者不苦、且御当日庭上江廻り候事、相憚事
一御当日、僧尼拝見停止之事
一御当日、南門被開候間ハ往来停止之事
一同五日六日、男女僧尼拝見卯半刻ヨリ申半刻まで入候事、札切手ニ不及、日御門ヨリ入、四つ御門江出候事（以下省略）」（傍点筆者）

（15）『京都町触集成』第九巻、三八七頁。
「御即位ニ付、明廿二日明後日廿三日男女僧尼拝見之儀、廻廊外ニ而拝見可致旨相触置候所、此度者稀之御大礼ニ付、廻廊左腋門ヨリ入、段上ヲ右腋門江差出候様被仰出候間、此旨洛中洛外へ可相触もの也　丑九月
〔廿一日〕」
次の孝明天皇の即位式時も、僧尼に関する処遇は仁孝天皇のときとほとんど同じ。切手不要などは変わらないが、道順はより詳しく説明され「建春門より入、左腋門より廻廊通、承明門之所ニ而者溝際を通り、右手腋門ヨリ西御築地穴門ヨリ出候事」（『京都町触集成』第一一巻、四三七頁）となっている。なお仁孝天皇即位式後の大嘗会一一月一六日は、新嘗祭と記載（九巻、三九〇頁）。

（16）『京都町触集成』第二巻、一五三頁。
「　口触
来月三日、御即位拝見ニ参候儀、僧尼并法体之もの者不罷成候、

尤拝見之もの立ちさわき不申、不作法無之様ニ可仕候事
右之通洛中洛外江可相触者也
卯十月」
（『妙法院日次記　第八』九四頁にも同様の触が載る）。

(17)『京都町触集成』第二巻、二五七頁。
「明三日、御即位拝見之儀、此度者切手札を以男ハ御台所門、女者日之御門より入レ候之条、其通可相心得候、切手札無之者ハ不罷成候、尤南門開候節、右御門前一切諸人通候儀不相成候、此旨可相触知者也
卯十一月　　町代　誰
右御触唯今早々相触候様ニ被仰渡候、以上」

(18)『京都町触集成』第三巻、一二〇頁。
「来ル廿一日、御即位ニ付、前日拝見堅停止之事
一右御当日あけ竹之内拝見男百人、女弐百人切手札を以日御門ヨリ入、日御門江出候事
附リ、僧尼并重軽服之輩可相慎也
一御当日南門之開候間ハ往来停止之事
一同廿二日廿三日拝見、卯ノ半刻ヨリ申ノ半刻迄入候事、切手札ニ不及、日ノ御門ヨリ入、四つ足御門ヨリ出候事但し、右

両日惣御門ノ内清和院口、堺町、中立売、今出川、右四ヶ所
之御門ヨリ拝見之者可罷通候、其余之御門ヨリ
往来堅不罷成候
右之通御当日ハ勿論、老人幼少の足弱類堅拝見ニ罷出間敷候、
万一右躰之者参り候ハヽ、吟味之上後日ニ急度可申候、
洛中洛外江相触者也
卯九月」

(19) 町触で天皇即位式をおさめ始めるのは宝永七（一七一〇）年、中御門天皇からで、即位のあるたびに僧尼が禁裏内に参内、見物するのを禁止。しかし明正天皇『御即位行幸図屏風』で見る限り、天皇即位式には僧尼の拝観は黙認されていたと見るべきであろう。

(20) 幕末、野村望東尼は尼僧の身分を隠して御所内に入場した。頭に被り物をすれば尼とはわからない。

(21) 『調度図』の「御即位堂上堂下之図」には「三百人人《ママ》拝見場」と庶民見物席が描きこまれている。近世には一枚物の摺物をはじめ天皇即位図が流布したが、見物人の配置を記入したものは見かけない。

(22) 女帝に花押をもたないゆえ肖像画がないという説もある。

(23) 「定晴卿記」（『後桜町天皇実録』（『天皇皇族実録』一二〇）ゆまに書房、二〇〇六、一五二頁）。

(24) 「定晴卿記」（『後桜町天皇実録』、一五〇頁）。「武家奴隷雑人等混雑赴庭上、仍従此辺窺見之間、毎事憒不見得、出御之間儀式大半既過之、次将等之儀一向不見」

(25) 姉小路公文。正二位前権大納言。宝暦一〇年から安永七年まで武家伝奏使。

(26) それでも宸顔を拝見したとは一言も書いていない。やはり宸儀をちゃんと拝見できなかったのではな

いか。

(27)「本源自性院記」(『後光明天皇実録』〔『天皇皇族実録』一〇七〕ゆまに書房、二〇〇五、八五頁)。

第六章　朝廷行事を見物する庶民たち

(1)『京都町触集成』第四巻、二七〇頁。

「一同廿八日廿九日男女僧尼拝見、卯半刻ヨリ申半刻迄入候事、札切手ニ不及日御門ヨリ入、四足御門江出候事

但、右両日惣御門之内清和院口、堺町、中立売、今出川、右四ケ所御門ヨリ拝見之もの可罷通候、其余之御門ヨリ往来堅不罷成候」

(2)「八槐記」(『桃園天皇実録第二巻』〔『天皇皇族実録』一一八〕ゆまに書房、二〇〇六、一〇九頁)。

「昨今両日都鄙男女不別長幼入禁庭拝装銹」

(3)『京都町触集成』第二巻、二五七頁。

「昨日御築地之内ニ而致怪我候者之内、年比五十才余之坊主、表紬ニ茶裏之小袖、絹花色両面之小袖あわセ羽折を着し、怪我いたし候而、右之者人々不相知候故、今出川河原に番ヲ付指置候、心当り之もの有之候ハヽ、右之所へ参、見届候上、御役所へ可申出候、相渡させ可申事

右之趣洛中洛外可相触者也

卯十一月五日」

(4)「定晴卿記」(『後桜町天皇実録』〔『天皇皇族実録』一二〇〕ゆまに書房、二〇〇六、一五二頁)。「仍南門之前等甚群集、参内之後赴南殿見高御座等、但小袖被等多群来之間委不見之、于時南庭雑人如堵」

(5)『大和国庶民記録　堀内長玄・井上次兵衛覚書』清文堂出版、一九九三、一六五頁。誤字はそのまま転写。

(6)「菅葉」(『孝明天皇実録第一巻』〔『天皇皇族実録』一三四〕ゆまに書房、二〇〇六、一〇六頁〜一〇七頁)。「今日亦雑人拝見御即位之跡、終日雑踏如昨日、伝聞今日亦怪我人有之云々」

(7)「基熙公記」(『東山天皇実録』〔『天皇皇族実録』一一二〕ゆまに書房、二〇〇六、七二頁)。

(8)「无上法院殿御日記」(『東山天皇実録』〔『天皇皇族実録』一一二〕ゆまに書房、二〇〇六、七三頁)。

(9)『京都町触集成』第三巻、一二三頁。

(10)「山科忠言卿記」(『光格天皇実録第一巻』〔『天皇皇族実録』一二六〕二〇〇六、一五七頁)。

(11)「无上法院殿御日記」(『東山天皇実録』七二頁)。

(12)「頼言卿記」(『桜町天皇実録第一巻』〔『天皇皇族実録』一一五〕二〇〇六、二三七頁)。

(13)『京都町触集成』第一巻、一一六頁。

(14)『京都町触集成』第一一巻、三九二頁。

(15)『京都町触集成』第一一巻、四一七頁。

(16)卯の刻(午前六時)から申の刻(午後四時)と記される場合もある。

(17)桜井秀『即位大嘗典礼史要』博育堂、一九一五、三二三〜三二四頁。

(18)関根正直は大嘗会の御禊行列の賑わいを、「此の御禊と申す事こそ、中古の人心を衝動したるものなりしか」「御禊行列の壮麗なる鹵簿は、都鄙貴賤の親しく見奉る事を得たりしからに、歓びて楽しき見物とし、盛に取り囃して後の語り草にも伝へたるなるべし。当時の草子物語雑史の類に、何よりも精しく書き出でて、今読み見るだに、さこそげに偉観なりけめと想像せらる」と述べる（『（即位礼大嘗祭）大典講話』東京宝文館、一九一五、一六〇頁）。中世の鹵簿行列で描かれる庶民の行動は、近世の遷幸行列などの賑わいと相通じるところがあるだろう。

(19) 芳賀徹校注、杉田玄白『玉味噌』一八〇五（『日本の名著二二』、一九七一）一六七頁。

(20)『京都町触集成』第三巻、一〇四〜一〇五頁。

終章　好奇心と憧憬と

(1)「明治二年三月一日　眉拭の儀を行はせらる（中略）宮中の俗、幼児は八字眉とて眉に黛を施す、十五歳元服に当りて引眉に改む、十八歳に至りて引眉を除き、自然の眉を立つ、これを眉拭と云ふ」（『明治天皇紀　第二』吉川弘文館、一九六九、六五頁）とあって、明治天皇も眉拭をおこなっており、当時でも重要な儀式であった。明治三年二月五日、「元堂上華族の輩の涅歯（でっし、歯を黒く染めること）・掃眉を禁ず」と命じられ、元公家たちはお歯黒と眉拭をやめた。が、庶民階層に対しては、強制や罰則事項はなかった。長谷川時雨は少女期を回想した『旧聞日本橋』のなかで、それまでは眉毛がなく薄青く光り歯は綺麗に真黒だったのに、ボヤボヤと生えそろわない眉毛を生やし、歯が白くなった母を見て気味悪かったと記す。明治二〇年頃の東京下町の話である。当時成人女性は依然として眉を剃り、歯を黒く染めるのが一般的だったのである。

(2) 森田登代子「大雑書研究序説——『永代大雑書萬暦大成』の内容分析から」（国際日本文化研究セン

ター紀要『日本研究』第二九集、角川書店、二〇〇四）。

（3）立川談州楼焉馬『花江都歌舞伎年代記』鳳出版、一九七六、五二八頁。挿絵もあり。

（4）その後、上演された。早稲田大学演劇博物館の浮世絵アーカイブや池田文庫ほかで、上演禁止になった尼子四郎扮する小忌衣姿の中村鶴助の上方絵「傾城飛馬始」が残されている。

（5）華鬘は仏教用語で仏前を荘厳する装飾仏具のことで、その飾りを紐結びに応用した。

（6）『劇場訓蒙図彙』（享和三年初版本『歌舞伎の文献・三』、国立劇場調査養成部芸能調査室、二〇〇一）一四二頁。

（7）早稲田大学演劇博物館浮世絵閲覧、システム番号〇一三－〇一五四。

（8）拙稿「歌舞伎衣裳にみられる歴史的・社会的事象の受容――「馬簾つき四天」「小忌衣」「蝦夷錦」「厚司」を事例として」（国際日本文化研究センター紀要『日本研究』第四〇集、角川書店、二〇〇九）

（9）福羽美静《ふくばびせい》。幕末明治の国学者。大国隆正、平田鉄胤に師事。皇国学を修行。明治元年、神祇事務局権判事。明治天皇に『古事記』を進講。神道政策主導。制度寮・神祇官・教部省・文部省などに出仕。元老院議官・貴族院議員などを歴任。

（10）『明治天皇紀　第二』吉川弘文館、一九六八、七九五頁。また瀧川政次郎も『律令と大嘗祭』のなかで「大嘗祭が日本的な祭儀であるのと対蹠的に、非常に唐《から》めしい儀礼」「全く唐風のいでたち」「いかにもごてごてしたシナ風の模様」と記述。江戸時代の即位式の装束は評判が悪く、唐風の装束はことごとく廃止された。

（11）岩井忠熊「伝統的即位儀礼の変容と不可侵」（特集『天皇即位　謎の大嘗祭』新人物往来社、一九九〇）、『天皇制――歴史・王権・大嘗祭』河出書房新社、一九九〇。

あとがき

私には授乳の経験がない。出産直後、「赤ちゃんはすぐ死にます」と医師から告げられ、お乳を止める注射をしたからだ。産まれてきた娘は重度障害者だが、なんとか元気に生きている。

授乳と母性という抜きがたい関係性についての忸怩たるおもいについては、二〇〇四年の『明日へひょうひょう』（向陽書房）でふれた。朝日新聞の書評欄にとりあげられ、『はじけてダンス！』（小学館）も書くことができた。

娘の誕生後、私は四世代同居の長男の嫁になった。近世庶民生活文化史の研究を進めながら、百六歳の祖父、九八歳の祖母、八〇歳の姑を見送った。こうした主婦業と研究を並行していた経験から、長男の嫁である私の立場や家族のありようと史料からうかがい知る江戸時代の庶民生活の心性とには、そう違いがないことに気づかされた。近世庶民の生き方に親近感がもてたし、その姿に力づけられた。

そんなときである。宮内庁御物の明正天皇「御即位行幸図屏風」に出会ったのは。

庶民が大勢、御所内の南庭で天皇即位式を見物する絵図であった。重箱や酒器を携えた女性、幢《ばん》を揺らす子ども、仮眠しているように見える女性など、見物人のリラックスした姿に、これが天皇即位式かと驚いた。そのなかでも一番仰天したのは、胸をはだけた二人の女性を見つけたことだった。なんと彼女たちは授乳中だったのである。

天皇即位式は、最高に厳格な儀礼で規制も厳しいという素人考えしか持ち合わせていなかったから、庶民の見物が許されていることだけでも新鮮だった。ましてや、即位式見物の最中に授乳する女性がおり、それを絵師が描きいれるとは信じられなかった。好奇心が湧いた。天皇即位式に対する私のにわか勉強が始まった。

偶然とは重なるもので、その頃、畳紙に入った「御譲位図」の下絵を入手することができた。初めて見る新嘗祭の様子や剣璽渡御のほかに、即位式の図像も含まれていた。この即位式図にも見物人が描かれ、定式では御簾で隠される宸顔も明瞭に映し出されていた。

天皇即位式の見物には入場券が必要なのだが、翌日の威儀物・展観物見物には入場券が要らない。大勢の庶民が殺到し怪我人や死者まで出る始末。天皇即位式に無関心でいられない庶民の姿がさまざまな史料に残されていた。庶民は親愛の目をもって天皇即位式を眺めている。直接見物できなかったとしても、あるいは庶民レベルという制約はあるものの、宮廷文化を眺め、公家社会のノウハウを受容しようとする姿勢も仄見えた。

こうして即位式関係の史料を読んでいくうちに、すり込まれていた常識がタマネギの皮のようにするすると剝け、天皇即位式のイメージが私のなかでどんどん変わっていった。おおらかな天皇即位式像が浮かんだ。

ところが、天皇即位式の研究には落とし穴があった。

千年近く江戸時代までつづいた天皇即位式と明治以降のそれとでは、大きな断絶があった。天皇即位式自体も明治時代から大きく変貌し、容易に触れられない領域となったこともあいまって、一般から見てよくわからない部分が多い。官職・宮中祭祀・儀式の用語などの難解な語彙群が立ちはだかった。さらに悪いことに、装束や祭具のほとんどが現在は最早、見たり触れたりできないものだった。予備知識なしには語彙の意味や事物の内容がわからないし、江戸時代の天皇即位式の全体像が見えてこない。それゆえ本書の前半は、有職故実や天皇即位式次第など、現代と乖離した即位式関係の専門用語に頁を割く必要があった。とはいえ全体を通して近世の天皇即位式をめぐる庶民の熱気を伝えるために最善を尽くしたつもりだ。その成否の判断は読者に委ねたい。

天皇即位式研究のきっかけを与えてくださったのは、国際日本文化研究センターの笠谷和比古教授である。

「森田さん、図書館にいれときましたよ」と、江戸期の『天皇皇族実録』（ゆまに書房）を揃えてくださった。第一期分の三七巻に目を通せば、江戸時代の天皇即位式の流れは一目瞭然だった。判《ほう》た。
官贔屓《がんびいき》になるが、明正天皇や後桜町天皇など女性天皇の実録は、ことに楽しく目を通すことができた。

中年になって始めた研究、主婦業が悪いわけではないが、長年染みついた主婦感覚のとんちんかんで浅学丸出しの質問にも、笠谷先生は懇切に応えてくださった。その結果の本書である。やっと出版にこぎつけた。笠谷先生にはいくら感謝しても足りない。本当に、本当に、有り難うございました。

国際日本文化研究センター共同研究員にも加えていただき、諸先生方の研究発表を私の糧として、幅広い視野に立って江戸時代を展望するノウハウをお教えいただいた。研鑽を積むことができたのはひとえにこの共同研究会と諸先生の叱咤のおかげである。

歴史が古代から、中世・近世、そして現代へと繋がっているという自明の理を、ごく自然に実感できたのは、九年前からつづいている東大阪市生涯学習センターの「『源氏物語』を読む会」の講師を担当させていただいたおかげである。『源氏物語』を丁寧に読み解くことで、現代にまで通底する有職故実や公家生活の一端が理解できたのは大きな収穫であった。平安時代の有職故実が現代にまで連綿と継承されてきたことに、正直、感動すら覚えた。長年受講してくださった生徒さんにも感謝を伝えたい。

またミネルヴァ書房の大木雄太さんには図版、引用文献のチェックや内容についていろいろお世話をかけた。深謝。

まだまだ研究不足のところはあろうが、ひとまずは天皇即位式の研究成果を世に出すことができてほっとしている。

二〇一五年一月一五日

森田登代子

図版一覧

人名索引

あ　行

か　行

さ　行

た　行

な・は行

ま　行

や・ら行

事項索引

あ 行

か 行

さ 行

た 行

な・は行

《著者紹介》

森田登代子（もりた・とよこ）

1972年　同志社大学大学院文学部修士課程修了。
1996年　武庫川女子大学大学院家政学研究科博士後期課程単位取得。
博士（家政学）。桃山学院大学国際教養学部非常勤講師，国際日本文化研究センター共同研究員などを経て，
現　在　NPO 法人ピースポット・ワンフォー副理事長，なにわ創生塾主宰。
著　作　『近世商家の儀礼と贈答――京都岡田家の不祝儀・祝儀文書の検討』岩田書院，2001年。
『はじけてダンス！――重度障害者の娘と共育ち』小学館，2006年。
『18世紀日本の文化状況と国際環境』（共著）思文閣出版，2011年。
『着衣する身体と女性の周縁化』（共著）思文閣出版，2012年，他。

遊楽としての近世天皇即位式
――庶民が見物した皇室儀式の世界――

2015年３月20日　初版第１刷発行　〈検印省略〉

定価はカバーに
表示しています

著　者　森　田　登代子
発行者　杉　田　啓　三
印刷者　坂　本　喜　杏

発行所　株式会社　ミネルヴァ書房
〒607-8494　京都市山科区日ノ岡堤谷町１
電話代表　(075)581-5191
振替口座　01020-0-8076

冨山房インターナショナル・兼文堂

ISBN 978-4-623-07189-0
Printed in Japan